PARÁBOLAS DE JESUS

Dados Internacionais de Catalogação na Publicação (CIP)
(Câmara Brasileira do Livro, SP, Brasil)

Betto, Frei
Parábolas de Jesus : ética e valores universais / Frei Betto. – Petrópolis, RJ : Vozes, 2017.

Inclui bibliografia.

3ª reimpressão, 2025.

ISBN 978-85-326-5432-8

1. Espiritualidade 2. Jesus Cristo – Ensinamento 3. Jesus Cristo – Parábolas 4. Valores (Ética) I. Título.

17-01574 CDD-226.8

Índices para catálogo sistemático:
1. Parábolas de Jesus   226.8

FREI BETTO

PARÁBOLAS DE JESUS
ÉTICA E VALORES UNIVERSAIS

EDITORA VOZES

Petrópolis

© Frei Betto, 2017.
Agente literária: Maria Helena Guimarães Pereira
mhgpal@gmail.com

Direitos de publicação em língua portuguesa:
2017, Editora Vozes Ltda.
Rua Frei Luís, 100
25689-900 Petrópolis, RJ
www.vozes.com.br
Brasil

Todos os direitos reservados. Nenhuma parte desta obra poderá ser reproduzida ou transmitida por qualquer forma e/ou quaisquer meios (eletrônico ou mecânico, incluindo fotocópia e gravação) ou arquivada em qualquer sistema ou banco de dados sem permissão escrita da editora.

CONSELHO EDITORIAL	PRODUÇÃO EDITORIAL
Diretor	Anna Catharina Miranda
Volney J. Berkenbrock	Bianca Gribel
	Eric Parrot
Editores	Jailson Scota
Aline dos Santos Carneiro	Marcelo Telles
Edrian Josué Pasini	Mirela de Oliveira
Marilac Loraine Oleniki	Natália França
Welder Lancieri Marchini	Priscilla A.F. Alves
	Rafael de Oliveira
Conselheiros	Samuel Rezende
Elói Dionísio Piva	Verônica M. Guedes
Francisco Morás	Vitória Firmino
Teobaldo Heidemann	
Thiago Alexandre Hayakawa	

Secretário executivo
Leonardo A.R.T. dos Santos

Preparação dos originais: Maria Helena Guimarães Pereira
Editoração: Gleisse Dias dos Reis Chies
Diagramação: Sandra Bretz
Revisão gráfica: Nilton Braz da Rocha / Nivaldo S. Menezes
Capa: Renan Rivero
Ilustração de capa: Guto Godoy

ISBN 978-85-326-5432-8

Este livro foi composto e impresso pela Editora Vozes Ltda.

A frei Oswaldo Rezende, O.P.

As parábolas são obras de arte, e toda autêntica obra de arte traz em si um significado que ultrapassa as circunstâncias que favoreceram a sua criação.

Charles Harold Dodd

Agradeço a leitura crítica dos originais e as sugestões de André Jorge Catalan Casagrande, Carlos Alberto Proença, Einardo Bingemer, Lindalva de Jesus Macedo, Maria Clara Bingemer, Maria José Proença, Maria Tereza Sartório e Pedro Ribeiro de Oliveira.

Sumário

Introdução, 11

Parábolas de coerência nas convicções
1 O sal e a luz, 35
2 Os alicerces, 37
3 O semeador, 39

Parábolas de esperança
4 O fermento, 47
5 O joio e o trigo, 48
6 As sementes, 51

Parábolas de fidelidade
7 O bom pastor, 59
8 A ovelha perdida, 60

Parábolas de opção prioritária
9 O tesouro escondido, 65
10 A pérola, 68
11 A festa de casamento, 69
12 O servo fiel e o servo infiel, 71
13 As moças insensatas, 73
14 Os três servos, 75
15 O administrador esperto, 77
16 O juízo final, 80

Parábolas de compaixão
17 O perdão, 87
18 A moeda perdida, 90

19 Os dois devedores, 91

20 O filho pródigo ou o pai misericordioso, 93

21 A relação entre pais e filhos, 97

Parábolas de crítica à religião

22 Os dois filhos, 101

23 O fariseu e o cobrador de impostos, 104

24 A figueira, 106

25 Os boias-frias, 108

26 Os lavradores assassinos, 111

Parábolas de tolerância religiosa

27 O bom samaritano, 117

28 As crianças brincando na praça, 124

Parábolas de crítica ao apego aos bens

29 O rico insensato, 131

30 O rico e o pobre Lázaro, 132

Parábola de autocrítica

31 O cálculo, 137

Parábolas de perseverança

32 O juiz e a viúva, 141

33 O amigo inoportuno, 142

Epílogo, 145

Fontes consultadas, 147

Obras do autor, 149

Introdução

Este não é um livro de teologia. Nem de doutrina ou estudo bíblico. É uma obra destinada a explicar o que as parábolas de Jesus têm a dizer, a cristãos e não cristãos, nos dias atuais. O que significam e nos exigem. De que modo podemos e devemos vivenciá-las em pleno século XXI.

Parábolas são histórias curtas ou, como se diz em Minas, *causos* que encerram profunda sabedoria de vida. Por isso é empobrecê-las supor que se destinam apenas a quem se considera discípulo de Jesus. São dirigidas a todas as pessoas, já que os valores enfatizados, como a solidariedade, a compaixão, o acolhimento, o cuidado, o perdão e a justiça, são princípios humanos universais, a serem abraçados por todos que sonham com um mundo mais civilizado.

Aconselho o leitor a ler estas páginas com o *Evangelho* em mãos. Assim, poderá consultá-lo cada vez que encontrar uma citação evangélica. Recordo que uma citação como esta – *João* 10,10 – significa *Evangelho de João*, capítulo 10, versículo 10, pois toda a Bíblia é numerada em capítulos e versículos. Porém, quanto às 33 parábolas transcritas integralmente aqui, não haverá necessidade de consulta.

As parábolas são o que há de mais característico nos ensinamentos de Jesus. Como judeu, Ele adotava o método dos rabinos de transmitir sua mensagem através de histórias curtas e metáforas.

Significado da palavra parábola

Costumo brincar que os evangelhos foram escritos em Minas... Não contêm uma única aula de teologia ou doutrina; são cheios de *causos*, chamados parábolas.

Jesus falava em linguagem popular. Enquanto a linguagem acadêmica se expressa em conceitos e categorias, a popular é plástica, descritiva, alegórica. Faz *ver* o que se fala. É uma linguagem rica em metáforas e imagens. Linguagem também própria dos poetas, o que revela a profunda sensibilidade de Jesus.

A palavra parábola vem do grego *parabolé* (*para* = à margem + *bolé* = arremessar), e significa comparação. Em geometria *parábola* significa: "Curva plana, cujos pontos são equidistantes de um ponto fixo (foco) e de uma reta fixa (diretriz) ou curva resultante de uma secção feita num cone por um plano paralelo à geratriz. Curva que um projétil descreve" (*Novo Dicionário Brasileiro Melhoramentos*. 7ª edição). Podemos também dizer: curva que uma pedra faz quando arremessada. Essa curvatura côncava designa as antenas parabólicas ou em formato de parábolas. Nesse sentido, Jesus "arremessava" suas parábolas, não em linha reta, como quem quer impor uma opinião, e sim "em curva", como quem pretende provocar no interlocutor reflexão e senso crítico.

Frei Gilberto Gorgulho, meu confrade, e Ana Flora Anderson, especialistas em Bíblia, reproduzem em uma publicação sobre as parábolas esta antiga história rabínica para entendermos como elas nos ajudam a acolher a verdade:

> Certa vez, a Verdade andava visitando os homens, sem roupas e adornos, tão nua como o seu nome. Todos que a viam viravam-lhe as costas de medo ou

vergonha. Ninguém lhe dava boas-
-vindas. Assim, a Verdade percorria os
confins da Terra, rejeitada e desprezada. Uma tarde, encontrou a Parábola,
que passeava alegremente em um traje
belo e muito colorido.

– Verdade, por que estás tão abatida?
– perguntou a Parábola.

– Porque sou velha e feia, e os homens
me evitam – replicou a Verdade.

– Que disparate – riu a Parábola. –
Não é por isso que os homens te evitam. Toma, veste algumas de minhas
roupas e vê o que acontece.

Então, a Verdade se revestiu com algumas das lindas vestes da Parábola
e, de repente, por toda parte por onde
passava era bem-vinda.

A cabeça pensa onde os pés pisam

O público de Jesus era, majoritariamente, gente simples
do povo, analfabeta, excluída, e pessoas como ainda hoje vemos nas ruas do Brasil, portadoras de enfermidades físicas e
desequilíbrios psíquicos. Mas não eram ignorantes. Não é correto confundir falta de escolaridade com carência de cultura.
Não há ninguém mais culto do que o outro; há culturas distintas e socialmente complementares. Por isso, Jesus utilizou
uma linguagem realista que ilustra as parábolas com imagens
retiradas da vida cotidiana de seu povo: rede, peixe, azeite,
semente, festa de casamento, trabalho diário, dívida etc. Tais
imagens eram familiares aos habitantes da Galileia, da Sama-
ria e da Judeia, que traziam na memória citações similares tão
frequentes nos livros do Antigo Testamento.

É preciso estar atento ao contexto cultural e religioso no qual Jesus vivia. Muitas parábolas se referem a castigos divinos ou a recompensas de Deus àqueles que agem segundo a sua vontade. Para os fariseus, Deus trazia em mãos uma balança – um prato para castigar os maus e outro para recompensar os bons. Ora, Jesus, mesmo utilizando por vezes a dualidade "castigo X recompensa", inverteu a equação: aqueles que os fariseus consideravam merecedores de castigos eram, para Jesus, alvos preferenciais do amor de Deus, e aqueles que eles tinham na conta de "santos" eram, muitas vezes, os que contrariavam a vontade divina, como na parábola dos modos de orar do fariseu e do cobrador de impostos (*Lucas* 18,9-14).

A cabeça pensa onde os pés pisam. Quem vive entre acadêmicos e intelectuais tende a se expressar em linguagem conceitual. Quem vive entre trabalhadores braçais, como pescadores e lavradores, recorre com frequência a uma linguagem mais metafórica, na qual as imagens se destacam.

Bom exemplo dessa contradição se encontra na comparação entre *Marcos* 12,32-33 e *Mateus* 5,23. Eis o que o doutor da Lei, um teólogo, disse a Jesus: "Muito bem, Mestre! Como disse, Ele é, na verdade, o único Deus, e não existe outro além dele. E amá-lo de todo o coração, de toda a mente, e com toda a força, e amar o próximo como a si mesmo, é melhor do que todos os holocaustos e sacrifícios".

A mesma ideia é manifestada por Jesus, segundo a citação de Mateus. Eis a diferença: "Se você for até o altar para levar a sua oferta, e aí se lembrar de que o seu irmão tem alguma coisa contra você, deixe a oferta diante do altar e vá primeiro fazer as pazes com o seu irmão; depois volte para apresentar a oferta".

Outro exemplo simples: em vez de dizer que "a riqueza dificulta a prática dos preceitos evangélicos", Jesus preferiu acentuar que "é mais fácil um camelo passar pelo buraco de uma agulha do que um rico entrar no Reino do Céu" (*Mateus* 19,24).

Curioso observar que Jesus, ao construir suas imagens, tinha predileção pela tríade: três porções de farinha; três servos que receberam dinheiro do patrão (*Mateus* 25,14-30); a reação de três homens (sacerdote, levita e samaritano) frente ao homem caído à beira da estrada; o homem que pede três pães ao vizinho (*Lucas* 11,5-8) etc.

Texto e contexto

A parábola não reproduz um fato tal qual ocorreu, como uma correta notícia de jornal. Sempre traz algo de surpreendente, de novidade, o que obriga o ouvinte ou leitor a encarar a realidade de outra maneira. A parábola não esgota a realidade. Estabelece uma relação dialógica com o ouvinte ou leitor. Faz pensar, lança interrogações, exige reflexão. Por isso, Jesus, muitas vezes, ao terminar de contá-las, dizia: "Quem tem ouvidos para ouvir, ouça!" Equivale ao nosso ditado: "Para bom entendedor, meia palavra basta".

A parábola é polissêmica, ou seja, pode ser interpretada de muitas maneiras. Não é evidente a todos os olhos e ouvidos. Para muitos, é enigmática. Exige de quem a lê ou escuta um mínimo de inteligência para captar o seu sentido que, como afirma Carlos Mesters, reside *por trás das palavras*. Os próprios discípulos de Jesus se sentiam confusos ao ouvi-lo proferir parábolas, conforme registra *Mateus* 13,10-17:

Os discípulos se aproximaram de Jesus e perguntaram:

– Por que o Senhor usa parábolas para falar com essas pessoas?

Ele respondeu:

– A vocês, Deus mostra os segredos do Reino do Céu, mas a elas não. Pois quem tem receberá mais, para que tenha mais ainda. Mas quem não tem, até o pouco que tem lhe será tirado. É por isso que uso parábolas para falar com essas pessoas. Porque elas olham e não enxergam; escutam e não ouvem nem entendem. Acontece com essas pessoas o que disse o profeta Isaías:

Vocês ouvirão, mas não entenderão,
Olharão, mas não enxergarão nada.
Pois a mente deste povo está fechada.
Ele tapou os ouvidos
E fechou os olhos.
Se eu não tivesse feito isso,
Seus olhos poderiam ver,
Seus ouvidos poderiam ouvir,
Sua mente poderia entender,
E ele voltaria para mim,
E eu o curaria!, disse Deus (Isaías 6,9-10).

E Jesus prosseguiu:

– Mas vocês são felizes! Pois os seus olhos veem e os seus ouvidos ouvem. Digo-lhes esta verdade: muitos profetas e justos gostariam de ter visto o que vocês veem, mas não viram; e gostariam de ter escutado o que escutam, mas não escutaram.

Toda parábola é um texto melhor compreendido dentro de seu contexto. Como estamos muito distantes da realidade que Jesus viveu, é possível que o nosso modo de entender uma parábola não seja exatamente como Ele esperava de quem o ouvia. Jamais saberemos a diferença entre a compreensão daqueles ouvintes e a nossa como leitores do *Evangelho* em pleno século XXI. Daí nossa tendência a fazer uma interpretação alegórica das parábolas. Isso em nada reduz a força e o significado que elas encerram. Todo texto é sempre captado a partir do contexto no qual se encontra o leitor. O modo como Santo Agostinho, no século IV, entendia as parábolas não coincide com a maneira como os teólogos atuais as interpretam.

A expressão "Reino de Deus"

Um termo que merece ser contextualizado é "Reino", muito frequente nas parábolas, e que Mateus complementou como Reino *dos Céus,* enquanto os outros evangelistas escreveram Reino *de Deus.* O termo aparece mais de 100 vezes nas falas de Jesus. A que Ele se referia ao utilizá-lo?

Jesus viveu, morreu e ressuscitou no reino de César, título dado aos 11 primeiros imperadores romanos. Desde o ano 63 a.C. a Palestina estava sob o domínio do Império Romano. Era mais uma província fortemente controlada política, econômica e militarmente a partir de Roma. Toda a atuação de Jesus se deu sob o reinado do imperador Tibério Cláudio Nero César, que permaneceu no poder do ano 14 ao 37. A Palestina na qual viveu Jesus era governada por autoridades nomeadas por Tibério, como o governador Pôncio Pilatos (que, curiosamente, ficou imortalizado no *Credo* cristão) e a família do rei Herodes. Predominava ali uma sociedade tributária, dirigida por um poder central, mantido pelos impostos cobrados dos habitantes das comunidades rurais e das cidades.

Portanto, falar de *outro* reino, o de Deus, dentro do reino de César, equivalia a, hoje em dia, falar de democracia em tempo de ditadura.

Ao contrário do que muitos pensam, para Jesus o Reino de Deus não era algo apenas *lá em cima*, no Céu. Era, sobretudo, algo a ser conquistado nesta vida e nesta Terra. E Ele foi, por excelência, o homem novo, protótipo do que deverão ser todos os homens e mulheres do "Reino" futuro, a civilização do amor, da justiça e da solidariedade. As bases desse projeto civilizatório e seus valores estão espelhados na prática e nas palavras de Jesus. Se agirmos como Ele, esse novo mundo haverá de se tornar realidade. Esta é a essência da promessa divina.

A lógica das parábolas

Por que o evangelista Mateus, diferentemente de Lucas, Marcos e João, nunca utilizou a expressão "Reino de Deus"? Como endereçou seu evangelho aos judeus, que não pronunciavam o nome divino, preferiu o eufemismo "Reino do Céu".

A dificuldade de os próprios discípulos de Jesus compreenderem o sentido das parábolas é comprovada pelo fato de o *Evangelho de João* não conter nenhuma das parábolas relatadas por Mateus, Marcos e Lucas, cujos evangelhos são conhecidos como *sinóticos* por serem semelhantes.

João inclusive não utilizou o termo "parábola", e sim "comparação": "Digo essas coisas a vocês por meio de comparações" (16,25). E descreveu a reação dos discípulos na última conversa com Jesus:

– Agora, sim, o Senhor fala claramente, e não por meio de comparações. Sabemos agora que o Senhor conhece tudo e não precisa que ninguém lhe faça perguntas. Por isso, cremos que o Senhor veio de Deus (*João* 16,29-30).

A lógica das parábolas não corresponde à nossa lógica corriqueira. Como admitir que um trabalhador, que deu duro o dia todo, ao fim da tarde receba do patrão salário igual ao de quem trabalhou apenas uma hora? Portanto, não devemos nos fixar no *causo* que a parábola descreve, e sim no significado que ela encerra.

Ao ler as parábolas, fica muito claro que, em tom interrogativo, elas exigem que o ouvinte tome partido. Não subestimam a inteligência do leitor ou ouvinte. Interpelam e suscitam discernimento: "Qual é o empregado fiel e prudente?" (*Mateus* 24,45). "Por que vocês pensam assim?" (*Marcos* 2,8). "Vocês acham que os convidados de um casamento podem jejuar enquanto o noivo está com eles?" (*Marcos* 2,19).

As parábolas têm por objetivo valorizar certo modo de agir. Não são propriamente lições doutrinárias. Não querem impor a opinião de Jesus. Estão centradas na práxis, e lançam um desafio a quem as escuta ou lê. Este deve se posicionar frente ao conteúdo dialético que elas apresentam. As parábolas possuem forte conteúdo parenético[1], ou seja, de exortação ética.

A parábola é uma comparação por imagens. E compreende três elementos: a coisa que se compara (o Reino de Deus); a coisa com a qual se compara (a semente de mostarda); e o ponto central da comparação (a lição contida na parábola).

Gênero literário semita, a parábola é uma comparação bem articulada. Não se deve confundi-la com alegoria, uma figura de retórica que deriva dos gregos. Na alegoria se diz *a* para significar *b*. Na tradição da Igreja, muitas vezes as parábolas foram interpretadas como alegorias, e isso nada tem de errado. O próprio Jesus explicou o caráter alegórico de algumas parábolas, conforme registram os evangelhos.

---

1 Do grego *parainesis, parainein*, que significa advertir, aconselhar, exortar.

As parábolas são como filmes que nos mostram sucessivas cenas para desenvolver uma narrativa. Assim como no filme, diretor e atores não explicam a narrativa, também as parábolas são um convite à nossa perspicácia. Cada um de nós que tire suas conclusões...

As parábolas querem induzir o interlocutor a mudar seu modo de ver e agir. Não são enunciados discursivos destinados a realçar ensinamentos, nem procuram reduzir ao silêncio adversários mal-intencionados. Discorrem sobre experiências, práticas concretas, que procuram persuadir e levar o interlocutor a refletir.

Convém também não confundir parábolas com fábulas. Nestas, animais aparecem como personagens e visam a reforçar mitos e ensinamentos morais. Jesus, ao contrário, partiu de sua própria experiência e elaborou histórias conflitivas ou sapienciais, tiradas do cotidiano, um convite ao ouvinte ou leitor a se posicionar a favor ou contra os personagens e as situações.

Jesus elaborou parábolas a partir do modo de produção predominante na Galileia do século I. Retirou comparações do trabalho agrícola e pastoril, e também do sistema de poder representado pelo Templo-Estado de Jerusalém e a Lei mosaica. Quanto mais se conhece o contexto em que viveram Jesus e as comunidades cristãs do primeiro século, tanto melhor se consegue decodificar as parábolas.

Nelas encontramos imagens que traduzem a divisão de trabalho no tempo de Jesus: agrícola (plantio, vinha, figueira, colheita, joio, trigo, terra, arado); pastoril (pastor, rebanho, ovelhas, mercenário); pesca (peixes, rede, barca); circulação de dinheiro e mercadorias (salário, imposto, azeite, óleo, e moedas como dracma, talento e denário).

As situações descritas nas parábolas são bem prosaicas. Qual o pai que dá pedra a um filho que pede pão? Quem não se irrita ao ouvir alguém, de madrugada, bater à porta da casa com insistência? Qual pastor que não vai atrás da ovelha desgarrada? Qual construtor deixa de fazer cálculos antes de iniciar uma obra? E não é verdade que o sol nasce para os bons e os maus, e a chuva cai sobre justos e injustos?

As parábolas nos autorizam a situar Jesus como excelente ficcionista. Em poucas palavras, em narrativas curtas, Ele descrevia uma história e lançava um desafio. Nem sempre verossímil, porém convincente. Qual agiota perdoaria uma dívida de quinhentas moedas de prata? Será que um pai prepararia uma festa para o filho que dilapidou a herança que lhe coube?

Portanto, as parábolas eram, por excelência, o método de Jesus evangelizar. Nada de fazer pregações doutrinárias ou exortações moralistas. Jesus condensou sua proposta em *causos*, em fatos reais ou fictícios. Não impôs, não julgou o interlocutor, não menosprezou a inteligência alheia. Apenas descreveu como agiu o samaritano com o homem caído à beira da estrada ou como a pobre mulher insistiu com o juiz que se recusava a atendê-la.

É preciso não esquecer que Jesus falava a um povo simples que quase não tinha acesso à escolaridade. Daí a forma plástica, *visual* que adotou ao transmitir a palavra de Deus. Era uma linguagem adequada a quem se encontra em torno de uma mesa de refeição. Diferente da adotada por quem se encontra à frente de alunos em uma sala de aula.

Frisa o *Evangelho de Mateus* (13,34) que Jesus utilizava parábolas para se fazer entender pelo povo. Nada dizia senão por parábolas. Isso aconteceu para cumprir o que o profeta havia anunciado:

Usarei palavras
Quando falar com esse povo
E explicarei coisas desconhecidas
Desde a criação do mundo.

O profeta, no caso, é Asafe, a quem se atribui a autoria do *Salmo* 78, do qual foi extraída a citação acima. Asafe era tido como profeta (*Segundo Livro das Crônicas* 29,30).

Os modos de agir de Jesus e de Deus

O objetivo das parábolas é nos revelar a proposta do Reino de Deus, a utopia de Jesus. Assim como hoje se fala *em outro mundo possível* ou em *sociedade alternativa*, Jesus falava em Reino de Deus... dentro do reino de César! Motivo pelo qual foi considerado subversivo e preso, torturado, julgado por dois poderes políticos e assassinado na cruz.

O Reino proposto por Jesus não é algo apenas "lá na frente", uma meta histórica, um projeto civilizatório em que todos viverão como Deus quer. É também algo que já se antecipa em nosso presente e em novas modalidades de convivência social que buscam superar a injustiça, a desigualdade, a discriminação e a exclusão.

As parábolas se enquadram em duas categorias: as que se referem ao modo de agir dos ouvintes e leitores, e as que explicitam o modo de agir de Jesus e de Deus. Exemplos da primeira categoria encontramos na *Parábola do bom samaritano* (*Lucas* 10,30-37), na *Parábola do rico insensato* (*Lucas* 12,16-21), na *Parábola do rico e o pobre Lázaro* (*Lucas* 16,19-31), e na *Parábola do fariseu e o cobrador de impostos* (*Lucas* 18,9-14).

Jesus nos propôs seguir os exemplos do homem que achou um tesouro (*Mateus* 13,44); do comerciante que encontrou uma pérola de grande valor (*Mateus* 13,45); do homem que calcula antes de edificar uma torre ou do rei que reflete antes de se envolver em uma guerra (*Lucas* 14,28-33).

Há também exemplos a serem repudiados, como o do súdito de coração duro (*Mateus* 18,23-34); dos lavradores assassinos (*Mateus* 21,33-46); das moças insensatas (*Mateus* 25,1-13); do servo que não fez render o dinheiro que lhe foi confiado pelo patrão (*Mateus* 25,14-30).

Quando Jesus se referia à sua própria conduta, não havia propriamente parábolas, e sim sentenças parabólicas: "Não são os que têm saúde que precisam de médico, mas os doentes" (*Marcos* 2,17); "Se um de vocês tiver uma ovelha, e no sábado ela cair em um buraco, será que não fará tudo para tirá-la dali?" (*Mateus* 12,11).

Em compensação, são muitas as parábolas que ressaltam a conduta de Deus. E ao citá-las, Jesus queria justificar a própria conduta, e nos convocar a agir de forma semelhante. É o caso da *Parábola da relação entre pais e filhos* (*Mateus* 7,9-11), na qual Jesus nos incita à oração; e da *Parábola do amigo inoportuno* (*Lucas* 11,5-8), na qual insiste para orarmos e confiar na bondade de Deus. É o caso também desta desafiadora sentença parabólica: "Porque Ele [Deus] faz com que o sol brilhe sobre os bons e os maus, e faz chover tanto para os que fazem o bem quanto para os que fazem o mal" (*Mateus* 7,45). Sentença embaraçosa para aquela óptica religiosa que acredita que Deus será vingativo com os maus e recompensará apenas os bons. Ora, o que Jesus quis enfatizar é que Deus ama todos os seus filhos e filhas, bons e maus, e assim devemos nós também amar os nossos inimigos e os que nos fazem mal. Isso não significa acatar o mal que praticam e passar a mão na cabeça deles. Amar não é questão de sentimento, e sim de atitude.

Amar o inimigo é convencê-lo a deixar de praticar o mal que o torna meu inimigo. É não querer para ele o mal que fez a outros. E orar para que modifique seu modo de proceder.

Durante a ditadura militar (1964-1985), estive preso por quase quatro anos[2]. Presenciei todo tipo de barbaridades cometidas por policiais e carcereiros torturadores. Na Penitenciária de Presidente Venceslau (SP), escrevi esta *Oração de um preso*:

> *Senhor,*
> *Quando olhares para os que nos aprisio-*
> *naram*
> *e para aqueles que à tortura nos entrega-*
> *ram;*
> *quando pesares as ações de nossos carce-*
> *reiros*
> *e as pesadas condenações de nossos juízes;*
> *quando julgares a vida daqueles que nos*
> *humilharam*
> *e a consciência dos que nos rejeitaram,*
> *esqueça, Senhor, o mal que porventura*
> *cometeram.*
>
> *Lembra, antes, que foi por esse sacrifício*
> *que nos aproximamos de teu Filho cru-*
> *cificado:*
> *pelas torturas, adquirimos as suas chagas;*
> *pelas grades, a sua liberdade de espírito;*
> *pelas penas, a esperança de seu Reino;*
> *pelas humilhações, a alegria de seus dis-*
> *cípulos.*
>
> *Lembra, Senhor, que desse sofrimento*
> *brotou em nós, qual semente esmagada*
> *que germina,*

---

2 Cf., de minha autoria, *Batismo de sangue* e *Diário de Fernando – Nos cárceres da ditadura militar brasileira*, ambos editados pela Rocco.

o fruto da justiça e da paz,
a flor da luz e do amor.

Mas lembra, sobretudo, Senhor,
que jamais queremos ser como eles,
nem fazer ao próximo o que fizeram a nós.

Quem melhor capta o sentido das parábolas? Um dos poucos relatos evangélicos que mostram Jesus em júbilo é justamente este em que agradece a Deus por permitir que os pobres captem melhor o significado de suas palavras do que os sábios e instruídos:

– Ó Pai, Senhor do Céu e da Terra, eu agradeço porque tem mostrado às pessoas sem instrução aquilo que esconde dos sábios e dos instruídos! Sim, ó Pai, é do seu agrado fazer isso (*Mateus* 11,25-26).

Nosso sistema simbólico

No capítulo 13 do *Evangelho de Mateus*, após Jesus descrever uma série de parábolas, Ele pergunta aos discípulos (51-52):

– Vocês entenderam essas coisas?

– Sim – responderam eles.

Jesus disse:

– Isso significa que todo mestre da Lei que se torna discípulo do Reino do Céu é como um pai de família que tira de seu depósito coisas novas e coisas velhas.

Sábio oriental, Jesus muitas vezes utilizava uma linguagem enigmática, como no caso acima. Aqui Ele se referia a um teólogo judeu (mestre da Lei) que abraçara a proposta evangélica. Nesse caso, o novo discípulo "tira de seu depósito coisas novas e coisas velhas", ou seja, se aproveita do que aprendeu com a

Torá e os Profetas, e do que agora aprende com a mensagem de Jesus. Aliás, o próprio Jesus diz em *Mateus* 5,17:

– Não pensem que vim para acabar com a Lei de Moisés ou com os ensinamentos dos Profetas. Não vim para acabar com eles, mas para dar-lhes sentido completo.

As parábolas são símbolos libertadores. São elas que mais nos aproximam do Jesus histórico, humano assim como nós somos. Em cada parábola há uma experiência que Ele viveu, uma atitude que assumiu, uma opção que fez, um fato que mereceu registro. A parábola é a porta pela qual entramos no Reino anunciado por Jesus.

Sua terra natal, a Palestina, província anexada ao Império Romano, era governada por homens movidos pela ambição de poder (*Lucas* 22,25). Tinha chefes religiosos corruptos e injustos (*Mateus* 23,25), e na sociedade predominavam a mentira e o homicídio (*João* 8,44). Por isso, Jesus foi condenado à morte em julgamento sumário (*João* 11,53).

Diante daquela sociedade injusta e desigual, Jesus se propôs a desmontar o seu sistema simbólico, que justificava o modo de pensar e agir do povo. Ele estava bem consciente de que pessoas e sociedades se renovam quando são capazes de modificar seu esquema simbólico ou ideológico, hoje impregnado em nosso inconsciente por força da educação recebida, da mídia e da cultura que respiramos, que nos faz agir de modo egocêntrico, competitivo, cheio de preconceitos e discriminações. Ou nos torna solidários, compassivos, tolerantes e amorosos.

As parábolas visam a mudar, para melhor, a nossa postura e o nosso modo de ver as coisas.

Querer transformar uma sociedade sem modificar seu sistema simbólico é descrever ao sedento a química da água sem lhe oferecer um copo d'água. A qualidade de uma sociedade é medida pela qualidade do sistema simbólico ou ideológico que a alimenta. E Jesus recorreu às parábolas para operar essa mudança de consciência e atitude. A nova consciência nos transforma; a nova atitude transforma a sociedade.

Em suma, as parábolas nos permitem penetrar na intimidade de Jesus, conhecer sua visão do mundo, sua espiritualidade, sua ideia de Deus. Revelam-nos a consciência que Ele tinha de si mesmo. E nos convocam a agir do mesmo modo que Ele.

Pedagogia das parábolas

A parábola não é um gênero literário exclusivo dos evangelhos. Ela aparece com frequência no Antigo Testamento. É uma forma inteligente de abordar situações controvertidas. De levar o interlocutor a tirar suas próprias conclusões. Daí sua riqueza pedagógica.

Um exemplo notável se encontra no modo de o profeta Natã advertir e criticar o rei Davi, conforme o *Segundo Livro de Samuel* (12,1-7):

> *O Senhor Deus mandou que o profeta Natã fosse falar com Davi. Natã foi e disse:*
> *– Havia dois homens que viviam na mesma cidade. Um era rico e o outro, pobre. O rico possuía grandes rebanhos de gado e ovelhas, enquanto o pobre tinha apenas a única ovelha que havia comprado. Ele cuidava dela e ela crescia na sua casa, junto com os filhos dele. Alimentava-a com a sua própria comida, deixava que bebesse no seu copo, e ela dormia no seu colo. A ovelha era como uma filha para ele.*
> *Certo dia, um visitante chegou à casa do homem rico. Este não quis matar um de*

seus animais para oferecer em refeição. Em vez disso, roubou a ovelha do vizinho pobre, matou-a e preparou com ela uma refeição para o hóspede.

Então, Davi se enfureceu com a atitude do homem rico e disse:

— Juro pelo Senhor, o Deus vivo, que o homem que fez isso deve ser morto! E deverá pagar quatro vezes o que tirou por ter feito algo tão cruel!

Natã disse a Davi:

— Esse homem é você. Eis o que diz o Senhor: "Eu o tornei rei de Israel e o livrei de Saul. Dei-lhe o reino e as mulheres dele. Fiz de você rei de Israel e de Judá. E, se isso não bastasse, eu teria lhe dado duas vezes mais. Por que você desobedeceu meus mandamentos e fez essa coisa hedionda? Fez com que Urias, o heteu, fosse morto em combate. Deixou que os amonitas o matassem e tomou para si a esposa dele! Portanto, porque você me desobedeceu e tomou a mulher de Urias, a espada nunca mais se afastará de sua família. [...]".

Davi admitiu:

— Pequei contra Deus, o Senhor.

Natã respondeu:

— O Senhor perdoou o seu pecado. Você não morrerá.

No entanto, o filho que Davi teve com a mulher de Urias ficou doente e morreu.

A proposta de Jesus

Entenderá melhor as parábolas quem compreender que Jesus não veio propriamente fundar uma Igreja ou uma nova religião. Veio propor um novo projeto civilizatório, resumido em sua expressão "Reino de Deus" e realizado em sua prática, que libertava os doentes de suas enfermidades, as prostitutas de seus estigmas discriminatórios, os pobres das injustiças sofridas, os crentes de uma religião moralista, legalista, opressiva. Portanto, as parábolas estão impregnadas de uma proposta voltada à construção da Civilização do Amor. Se bem entendermos isso, melhor será o nosso proveito ao refletir sobre elas.

Não transcrevi nem comentei *todas* as parábolas contidas nos quatro evangelhos. Selecionei as mais significativas e populares, suficientes para nos transmitir o projeto de Jesus para a humanidade.

AS PARÁBOLAS

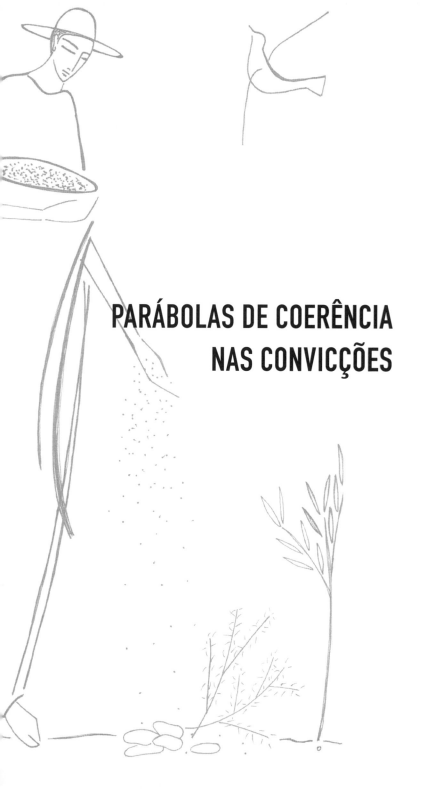

PARÁBOLAS DE COERÊNCIA NAS CONVICÇÕES

1
O sal e a luz
(*Mateus* 5,13-16)

– Vocês são sal para a humanidade; mas, se o sal perde o gosto, deixa de ser sal, não serve para mais nada. É jogado fora e pisado pelas pessoas que passam.

– Vocês são luz para o mundo. Não se pode esconder uma cidade construída sobre um monte. Ninguém acende uma lâmpada e a coloca debaixo da cama. Ela é acesa para iluminar todos que estão na casa. Assim também a luz de vocês deve brilhar para que outros vejam as coisas boas que fazem e louvem o Pai de vocês, que está no Céu.

Comentário

O sal era um alimento de suma importância na Antiguidade, como, aliás, ainda hoje. Não existia geladeira e seu uso era imprescindível para conservar alimentos.

Em geral, não apreciamos comida sem sal. Se na mesa houver dois pratos de comida, um com sal e outro sem, é impossível distinguir um do outro pelo olhar, a menos que os provemos. Assim, segundo Jesus, deve ser seu discípulo: no meio do povo, nada nele o distingue das outras pessoas, exceto o "sabor" com o qual impregna a sociedade em que vive – sabor de ética, compaixão, solidariedade, desprendimento etc.[3]

---

3 Cf. a *Carta a Diogneto* [Disponível em https://pt.wikipedia.org/wiki/Ep%C3%ADstola_a_Diogneto].

Muitas práticas religiosas são como o sal que perdeu o sabor e devem ser abandonadas. Há um tipo de religiosidade que equivale ao sal colocado *fora da comida*. De que adianta? E o mais grave: as pessoas que pregam tais práticas esperam que aqueles que a elas aderem se alimentem desse sal deteriorado, que perdeu suas qualidades, e já não serve para ser misturado ao prato saboroso servido aos comensais.

Ao frisar que seus discípulos "são sal para a humanidade", Jesus quis realçar o duplo caráter da presença do cristão na sociedade: purificar, evitando males e injustiças; e preservar, valorizando o que há de positivo e conforme a proposta dos evangelhos.

Sabemos, porém, que muitos de nós, cristãos, somos como o sal que perdeu o sabor. Já não alteramos, para melhor, o "sabor" da sociedade em que vivemos. Já não "temperamos", com o nosso testemunho, a realidade que nos cerca. Guardamos a forma original de sal, mas perdemos a essência.

Se o modo de implantar o Reino é a solidariedade, isso significa que a missão do cristão é intrinsecamente social. Ele não é uma luz para si mesmo, e sim para os outros. No entanto, há cristãos que, hipocritamente, preferem fitar a "luz" no espelho de sua vaidade, e são incapazes de iluminar a via de saída dos que vivem na pobreza e na miséria, e dos que buscam esperança e um sentido para a vida.

Jesus não ensinou a fazermos "coisas boas" para que outros vejam. Aconselhou apenas que sejamos capazes de testemunhar que aderimos à proposta dele. E um discípulo se identifica não pela fé que professa com a boca, e sim pela solidariedade, pelo compromisso com a justiça, pela atitude ética e o serviço ao próximo, em especial aos excluídos.

Sal e luz: duas coisas tão simples, imprescindíveis e universais. No entanto, encerram um programa de vida: combater todo tipo de podridão, tudo que deteriora o tecido social e corrói a dignidade humana, e projetar luz, esperança rumo ao futuro.

2

Os alicerces
(*Mateus 7,24-27*)

– Quem ouve meus ensinamentos e vive de acordo com eles é como um homem sábio que construiu a sua casa na rocha. Caiu a chuva, vieram as enchentes, e o vento soprou com força contra a casa. Porém, ela resistiu, porque havia sido construída na rocha.

– Quem ouve meus ensinamentos e não vive de acordo com eles é como um homem sem juízo que construiu a sua casa na areia. Caiu a chuva, vieram as enchentes, e o vento soprou com força contra a casa. Ela desabou, e foi destruída.

Comentário

Tudo indica que Jesus entendia algo de construção civil. José, seu pai, era mais do que um carpinteiro, era um artesão que dominava o ofício de edificar uma moradia. Nas cidades da Palestina havia famílias que se dedicavam a um tipo específico de artesanato, já que não existia indústria, e os segredos de seu ofício eram guardados e transmitidos de geração em geração. O Templo de Jerusalém empregava centenas de artesãos que formavam uma classe média.

Havia na Palestina um proletariado artesanal ao lado de escravos que se dedicavam a ofícios como barbeiros, talhadores de pedras e madeiras, açougueiros, padeiros etc.

Supõe-se que José e seu filho se empregaram na edificação de duas cidades próximas a Nazaré: Séforis e Tiberíades (esta última, erguida à beira do lago da Galileia e, como o nome indica, batizada em homenagem ao imperador Tibério César).

Nesta parábola, Jesus usou as metáforas da edificação para questionar a profundidade de nossas opções. Elas podem ser por modismo, vaidade, conveniência, como a construção sobre a areia. Não resistem ao menor desafio. Ou podem ser consistentes, resistentes, ainda que sejamos cercados por atrativos sedutores ou propostas que nos inflam o ego.

No primeiro caso, da casa sobre a rocha, é sinal de que o esquema simbólico que rege a nossa cabeça – e, portanto, as convicções que abraçamos –, está enraizado em nosso coração e em nossa prática. No segundo, da casa sobre areia, nossas opções e convicções são frágeis, vulneráveis, e não resistem às pressões do esquema simbólico fundado na competitividade e no comodismo.

Jesus propôs, na parábola, adequarmos nosso esquema simbólico ao dele, alicerçado no amor do Pai e no projeto do Reino.

Para tanto, é preciso "construir sobre a rocha", e não "sobre a areia". Isso implica criar alicerces sólidos, como intensificar a vida de oração e o compromisso com a justiça. Não é suficiente considerar-se cristão e cumprir uns poucos preceitos recomendados pela Igreja. Quem assim age é facilmente derrubado pelos "ventos" do hedonismo, da vaidade, da ambição desmedida, da cooptação neoliberal, da incapacidade de desagradar os poderosos.

Rocha lembra raiz, alicerce sólido. Para resistir às seduções, às tentativas de cooptação, aos encantos do neoliberalismo, ao dinheiro fácil da corrupção, devemos lançar raízes lá onde Jesus canalizou sua opção: o mundo dos pobres, dos excluídos. Quanto mais convivemos com eles e abraçamos o seu anseio de conquistar uma vida digna, mais ficamos vacinados perante as tentações burguesas.

Bem alertou José Mujica, ex-presidente do Uruguai: "Quando não se vive como se pensa, acaba se pensando como se vive". Erguem casa sobre a areia aqueles que consideram serem capazes de fidelidade a Jesus sem fidelidade à causa de libertação dos excluídos. Aos poucos, são tragados pelas benesses do mundo burguês. Embora mantenham, por algum tempo, um discurso libertário, passam a viver cercados por aqueles que provocam a exclusão social. E acabam por se tornar imagem e semelhança deles, com hábitos requintados e patrimônio muito maior do que suas reais necessidades.

3

O semeador

(*Marcos* 4,2-20; também em *Mateus* 13,1-9)

Jesus, ao transmitir ao povo ensinamentos na forma de parábolas, disse: "Ouçam. Um semeador saiu para semear. Uma parte das sementes caiu à beira do caminho. Vieram os passarinhos e comeram tudo. Outra caiu em terreno pedregoso, onde não havia muita terra; logo brotou, porque a terra não era profunda. Porém, ao sair o sol, os brotos queimaram e secaram, porque não tinham raiz. Outra ainda caiu no meio de espinhos. Os espinhos cresceram e a sufocaram, e ela não deu frutos. Enfim, uma parte caiu em terra boa e deu frutos, brotou e cresceu: rendeu trinta, sessenta e até cem por um".

E Jesus concluiu:

– Quem tem ouvidos para ouvir, ouça!

Quando Jesus ficou sozinho, os que estavam com Ele, junto com os doze, indagaram o que significavam as parábolas.

Comentário

É possível que Marcos tenha redigido esta parábola em Roma, onde os cristãos sofriam acirrada perseguição do Império Romano, e eram discriminados pelos judeus que ali viviam e não aceitavam a dissidência provocada por Jesus no judaísmo. Portanto, esta é uma parábola que visa a fortalecer a perseverança dos cristãos que vivem em condições adversas. Por isso, na versão original de Marcos o vocábulo "semente" é substituído por "Palavra", pois quem morava na capital romana estava imerso em um mundo urbano, e não rural.

Há muitas interpretações da *Parábola do semeador*. Eis a do próprio Jesus (*Mateus* 13,18-23):

– Escutem e aprendam o que a *Parábola do semeador* quer dizer. As pessoas que ouvem a proposta do Reino, mas não a entendem, são como as sementes semeadas na beira do caminho. O maligno chega e tira o que foi semeado no coração delas. As sementes jogadas onde havia muitas pedras são as pessoas que ouvem a minha proposta e logo a abraçam com alegria. Mas não perduram por falta de raiz. Quando, por causa da Palavra, chegam os sofrimentos e as perseguições, elas logo abandonam a fé. Outras pessoas são parecidas às sementes espalhadas no meio dos espinhos. Ouvem a Palavra, mas as preocupações deste mundo e a ilusão das riquezas a sufocam, e elas não produzem frutos. As sementes semeadas em terra boa são as pessoas que ouvem e entendem a Palavra, e produzem uma grande colheita: umas, cem; outras, sessenta; e ainda outras, trinta vezes mais do que foi semeado.

Jesus, como judeu instruído na sinagoga de Nazaré, conhecia bem a Torá, a bíblia dos hebreus. As figuras das parábolas, Ele as retirava da vida de seu povo, de alegorias contadas de geração em geração e, sobretudo, das Escrituras Sagradas, como é o caso dos frutos colhidos na proporção de cem por uma única semente:

> *Naquele ano, Isaac fez ali plantações e colheu cem vezes mais do que semeou, pois o Senhor Deus o abençoou* (Gênesis 26,12).

Esta é também uma parábola de esperança. Apesar dos espinhos, das pedras e da terra sem profundidade, Jesus estava convencido de que a sua proposta haveria de vingar, como uma semente que, com certeza, floresceria e daria frutos.

A explicação de Jesus tem caráter alegórico. Refere-se às diferentes atitudes frente ao que Ele pregava. A semente, a Palavra de Deus, é a mesma. Mas frutifica de acordo com o "terreno" de nossos corações. Se soubermos "adubar" (com vida de oração, prática do amor e de justiça, solidariedade e compaixão), a colheita será farta. Se não o fizermos, nossa opção carecerá de raízes e logo se enfraquecerá. Ou corremos o risco de ser cooptados por riqueza, fama, poder, comodismo, trocando o essencial pelo acidental.

A expressão "Reino de Deus", na boca de Jesus, equivale à nossa *outros mundos possíveis*, pós-capitalista, ou ao *bem-viver* dos povos andinos. Com a parábola das sementes, Jesus quis manter acesa em nós a utopia. A semente – o embrião do Reino ou do mundo emancipado e justo – fracassa três vezes: ao cair à beira do caminho; ao se espalhar no terreno pedregoso; e ao ser jogada entre espinhos. Apesar do tríplice fracasso, encontra finalmente terra boa e frutifica.

Sob as perseguições do Império Romano, a parábola tinha o objetivo de fortalecer nas comunidades cristãs primitivas a resistência e a esperança. Do mesmo modo, embora a conjuntura atual pareça desfavorável ao florescer de um novo projeto civilizatório pós-capitalista, há que cultivar a terra boa – em comunidades espirituais, movimentos sociais, instituições, sindicatos, associações etc. – para que a semente frutifique. Se não semearmos agora em terra boa, não haverá colheita no futuro.

Isso vale também para a nossa vida espiritual. Em cada um de nós, os quatro terrenos se misturam: a semente – os valores, os ideais, os princípios éticos – que cai "à beira do caminho" é aquela facilmente "roubada" pelas seduções neoliberais, a cooptação, as ambições de riqueza, o hedonismo, o medo de desagradar os ricos e poderosos.

A que cai em "terreno pedregoso" é aquela que deixa de criar raízes por falta de oração, de compromisso de justiça para com os mais pobres, de vinculação orgânica aos movimentos que lutam por um mundo melhor.

A que cai em meio aos espinhos é a que se deixa sufocar pelos "valores" do sistema no qual vivemos, onde imperam a competitividade e a acumulação privada de riqueza. Por fim, há a semente que cai em "terra boa", cria raízes firmes e, assim, frutifica multiplicadamente.

Se Deus é o semeador, nós somos as sementes. Temos plena liberdade de escolher um dos terrenos. E, dependendo da escolha, o resultado será conforme a parábola retrata. Daí a importância de saber escolher a terra boa para que nossos frutos se multipliquem. E a terra boa é a que Jesus escolheu: o mundo dos que têm fome e sede de justiça.

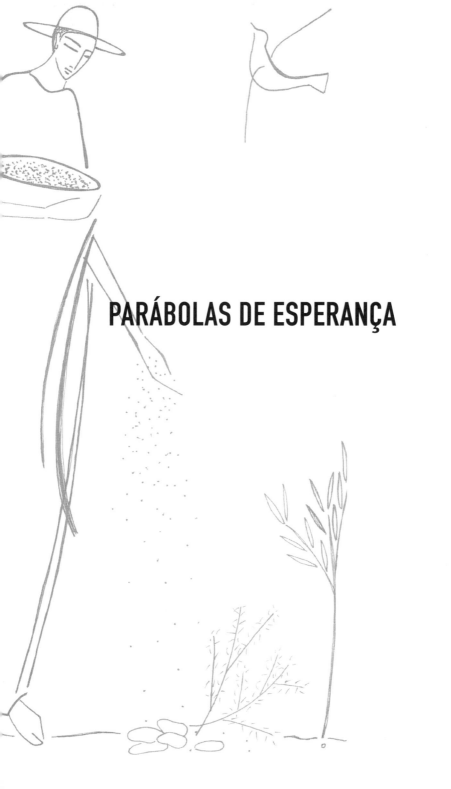

PARÁBOLAS DE ESPERANÇA

4
O fermento

(Mateus 13,33; também em *Lucas* 13,20-21)

– O Reino do Céu é como o fermento que uma mulher mistura em três porções de farinha até que ele se espalhe por toda a massa.

Comentário

O *Evangelho de Tomé*, descoberto em 1945 em Nag-Hammadi, no Egito, escrito em língua copta, e que se supõe datar do ano 140, registra como palavra de Jesus:

> *O Reino do Pai é semelhante a uma mulher: ela tomou um pouco de fermento, escondeu-o na massa, e com ele fez grandes pães.*

Jesus, excelente pedagogo, ao nos ensinar grandes lições tomava como ponto de partida gestos triviais, como o fato, tão universal e perene, de uma mulher fazer pão. Ele quis, de novo, ressaltar como grandes conquistas resultam de pequenas iniciativas. Daí os exemplos da semente de mostarda, pequena, que se desenvolve no solo sem que a possamos ver, e do fermento, que se mistura com a massa sem que seja possível distinguir uma coisa da outra.

As duas parábolas têm o mesmo significado. As obras que contribuem para semear ou fermentar o Reino de Deus entre nós são, muitas delas, aparentemente insignificantes: uma associação de bairro, um grupo de teatro, uma escola rural, uma Comunidade Eclesial de Base, um núcleo político na periferia etc. Dali surgem militantes que se empenham na luta pela justiça e na transformação do mundo.

"Três porções de farinha" são suficientes para produzir vinte quilos de pão, que bastam para alimentar cem pessoas! Quem cozinha sabe como a massa cresce depois que nela é misturado o fermento. Assim é o Reino: de uma práxis aparentemente insignificante brota algo expressivo, como uma comunidade, um movimento, um sindicato, um núcleo político. O fermento traduz a força do amor e da solidariedade. É dom gratuito oferecido por Deus.

5

O joio e o trigo
(*Mateus* 13,24-30)

– O Reino do Céu é como um homem que semeou sementes boas em suas terras. Certa noite, quando todos dormiam, veio o inimigo e semeou, no meio do trigo, uma erva daninha, o joio. Em seguida, foi embora. Quando as plantas cresceram e se formaram as espigas, o joio apareceu. Então os empregados do dono das terras indagaram:

– Patrão, o senhor semeou sementes boas em suas terras. De onde veio este joio?

– Foi o inimigo que fez isso! – respondeu ele.

E novamente os empregados perguntaram:

– Quer que arranquemos o joio?

– Não – respondeu o patrão –, porque quando forem tirar o joio, poderão arrancar também o trigo. Deixem o trigo e o joio crescerem juntos até o tempo da colheita. Então direi aos trabalhadores que farão a colheita: "Arranquem primeiro o joio e amarrem em feixes para ser queimado. Depois colham o trigo e recolham no meu celeiro".

Mateus prossegue (13,36-39):

Então, Jesus deixou a multidão e voltou para casa. Os discípulos se aproximaram e pediram:

– Explique-nos o significado da parábola do joio.

Jesus respondeu:

– É o Filho do Homem quem semeia as boas sementes. O terreno é o mundo. As sementes boas são as pessoas comprometidas com o Reino; o joio, as que pertencem ao maligno. Este é o inimigo que semeia o joio. A colheita é o fim dos tempos.

Comentário

Jesus demonstrava conhecer muito bem a agricultura de sua região. Eis uma descrição realista! O trigo e o joio crescem juntos. A realidade é contraditória como a vida. Não há nada, neste mundo, quimicamente puro. Em cada situação e pessoa há trigo e joio, graça e pecado, generosidade e egoísmo.

Nessa dialética, cada um de nós deve se decidir: combater o joio em si mesmo e na sociedade, e optar pelo trigo, ou entregar-se ao joio e deixá-lo sufocar o trigo...

Muitas vezes nos perguntamos como o projeto de Deus haverá de vigorar em nossa sociedade se há tanta maldade, corrupção, ódio, e também opressões, injustiças e guerras. A parábola nos faz entender que nada disso impede a germinação da semente de justiça e paz. É preciso manter viva a esperança. Apesar de tudo, o trigo brota, ainda que em meio a tantas contradições.

São sinais de trigo: a solidariedade, a partilha, o compromisso com a justiça, o cuidado do outro e de "nossa casa comum" – a natureza, como frisou o papa Francisco em sua encíclica socioambiental *Louvado seja*. São sinais de joio: o egoísmo, a competitividade, o individualismo, a acumulação privada em detrimento dos que carecem de bens essenciais a uma vida digna.

Jesus veio "trazer a espada" (*Mateus* 10,34). Colocou "o machado à raiz da árvore", como frisou João Batista (*Lucas* 3,9). Há que optar pelo trigo, característica do Reino, ou pelo joio, característica do antirreino, sem a ingenuidade de que seremos capazes de superar a dualidade nessa sociedade ontologicamente marcada pela contradição entre o trigo e o joio.

Não querer separar agora o trigo do joio é um exercício de paciência histórica. Quem tenta corre o risco de cair no fundamentalismo. Há que esperar a colheita. E convém não julgar nem condenar o próximo. O que aos nossos olhos parece ser, hoje, trigo, amanhã pode se revelar joio, ou vice-versa.

A parábola ensina, ainda, que Jesus não veio criar uma seita que, à semelhança dos fariseus e dos essênios, separaria as pessoas em puras e impuras... Jesus repudiou aqueles que se consideravam puros, justos, e não se misturavam com a plebe ignara (*João* 7,49).

Esta é uma parábola antifundamentalista. Propõe não dividirmos o mundo em "bons" e "maus". De certo modo, cada um de nós carrega aspectos positivos e negativos. Somos um feixe de contradições. E ninguém é juiz de si mesmo, embora nosso narcisismo nos induza, por vezes, a considerar que não temos defeitos como os outros, e a nossa arrogância nos leve a julgar os outros com uma severidade que não gostaríamos que fosse aplicada a nós.

O que será que nossos amigos pensam de nós? Teríamos coragem de indagar? Manteríamos a mesma afeição amiga se eles forem sinceros e apontassem as nossas contradições? Ou humildemente ficaríamos agradecidos?

O tempo é o senhor da verdade. É a longo prazo que uma pessoa demonstra quem, de fato, é. No chão da vida, crescem joio e trigo. Não há ninguém inteiramente "bom", nem totalmente "mau". É diante dos grandes desafios que cada um de nós demonstra as qualidades e os defeitos que carrega.

6

As sementes

(*Marcos* 4,26-29 e 30-32; também em *Mateus* 13,31-35 e em *Lucas* 13,18-19)

– O Reino de Deus é como um homem que lançou a semente no solo: ele dorme, acorda, é noite, é dia... e a semente germina e cresce sem que ele saiba como. A terra por si mesma produz fruto: primeiro, a erva; depois, a espiga; e, por fim, a espiga repleta de grãos. Quando o fruto está maduro, chegou a hora da colheita, e imediatamente é cortado pela foice.

Jesus disse ainda:

– Como podemos comparar o Reino de Deus? Que parábola usar? O Reino é como uma semente de mostarda, a menor de todas as sementes da Terra. Mas, quando cultivada, a mostarda cresce e se torna maior do que todas as plantas. Gera grandes ramos, de modo que os pássaros fazem ninhos em sua sombra.

Comentário

A primeira parábola se refere à espiga de trigo, tão comum na Galileia, onde Jesus passou a maior parte de sua vida. Pode ser chamada de parábola da paciência histórica. Uma atitude ética, um movimento social, uma proposta por vezes funcionam como a semente que germina *sem que se saiba como*. Assim são as sementes do Reino ou da nova sociedade de justiça e paz que buscamos conquistar. Quantas pequenas iniciativas históricas se transformaram em grandes movimentos. Basta pesquisar a história de Gandhi, que libertou a Índia do Império Britânico; de Martin Luther King Jr., que liderou nos Estados Unidos a luta dos negros por direitos iguais aos dos brancos; de Nelson Mandela, que combateu na África do Sul a discriminação racial; e, no Brasil, de Chico Mendes, que levantou a bandeira da preservação ambiental, em especial da Amazônia.

A mostarda é também uma planta muito comum na Palestina, sobretudo em lugares quentes, como nas margens do lago da Galileia e do rio Jordão. Embora hoje em dia se conheçam sementes menores, o fato é que, ao crescer, a mostarda torna-se uma árvore de três a quatro metros de altura, na qual os pássaros se abrigam. Essa imagem certamente foi inspirada por este texto do livro do profeta Ezequiel (17,22-23):

*Arrancarei um broto do cimo do cedro, da
extremidade de seus ramos, para plantá-
-lo no cume de um monte elevado.
Haverei de plantá-lo sobre o monte alto
de Israel.
Ele se expandirá em ramos, produzirá
frutos e se tornará um magnífico cedro.
À sua sombra habitará toda espécie de
pássaros.*

A parábola, tão ecológica, ressalta o contraste entre o tamanho diminuto da semente e o grande porte da árvore. Poderíamos intitulá-la de parábola da esperança, pois o que, agora, parece insignificante, no futuro poderá render grandes frutos.

Jesus quis enfatizar que pequenas ações, aparentemente frágeis ou inúteis, têm grandes consequências e geram múltiplos resultados. O próprio Jesus, um galileu crucificado como tantos outros em seu tempo, tornou-se uma pequena semente que, hoje, mobiliza milhões de pessoas e repercute em todo o mundo.

Esta é uma das parábolas do otimismo. Reforça em nós a utopia. E como dizia Eduardo Galeano:

*A utopia está no horizonte. Me aproximo
dois passos, ela se afasta dois passos. Por
mais que eu caminhe, jamais a alcança-
rei. Para que serve a utopia? Serve para
isto: para que eu não deixe de caminhar.*

Muitas vezes lutamos por grandes projetos e ideais, e esquecemos que pequenos gestos e atitudes são importantes para reforçá-los. Como diz o ditado chinês, uma longa caminhada se faz colocando um pé diante do outro.

A parábola inicia com estas palavras de Jesus: "O Reino de Deus..." Para muitos cristãos, o Reino de Deus é o que haveremos de encontrar na outra vida, após a morte. Mas o significado das palavras de Jesus era mais amplo, o Reino de

Deus era também algo "lá na frente" da história humana, e não apenas "lá em cima". É a promessa de Deus para a redenção da Terra. Por isso, Jesus nos ensinou a orar: "Venha a nós o vosso Reino", e não: "Leve-nos daqui ao vosso Reino".

Aqui, neste mundo, Deus criou o seu Reino, que a Bíblia, no *Gênesis*, descreve como um paraíso (1,26-30). Aqui temos de recuperar o Reino subvertido pela injustiça e o egoísmo humanos. Portanto, embora crendo que há vida após a morte, como assegurou Jesus, o Reino de Deus deve ser resgatado neste mundo. É aqui, para o bem de toda a humanidade, que Deus quer ver seu Reino realizado. É o que enfatiza o *Evangelho de Marcos* (1,15):

> *Completou-se o tempo. O Reino de Deus*
> *está próximo. Arrependa-se e creia na*
> *Boa-nova.*

O verbo arrepender aqui significa mudar de vida, abraçar outro rumo, sair de si para os outros.

A expressão "Reino" se deve à cultura monárquica dos tempos bíblicos. O próprio Jesus viveu em uma época e em um contexto monárquicos, sob os reinos de Tibério, imperador romano, e Herodes Antipas, governador da Galileia, filho do rei Herodes.

Hoje, podemos traduzir esta utopia – o "Reino de Deus" – por sociedade de justiça e paz. Será uma grande conquista. E as sementes, pequenas como a da mostarda, já se encontram brotando entre nós através de movimentos populares, de instituições voltadas às questões sociais, da economia solidária, do *bem-viver* indígena, das lutas por igualdade de gênero e contra todo tipo de preconceito e discriminação.

O apóstolo Paulo ressaltou essa contradição entre a pequena semente e o grande fruto em sua *Primeira Carta aos Coríntios* (1,26-28):

*Vejam, irmãos, o seu grupo de eleitos: não
há entre vocês muitos sábios, humana-
mente falando, nem muitos poderosos,
nem muitos nobres. O que é loucura para
o mundo, Deus escolheu para confundir
os sábios. O que é fraco no mundo, Deus
escolheu para confundir os fortes. O que
é vil e desprezível para o mundo, Deus
também escolheu, como escolheu as coisas
que nada são para destruir as que são.*

Cada pessoa que luta pelos direitos humanos e não se entrega às seduções desta sociedade consumista, nem busca o poder pelo poder e riquezas a qualquer custo, é um grão de mostarda que sinaliza, em sua vida, por seu testemunho, o prenúncio de uma grande árvore, a de uma humanidade livre de opressão e de injustiça.

Enfim, as duas parábolas, tanto a do grão de trigo que germina *sem que se saiba como*, como a do pequeno grão de mostarda que se torna uma árvore frondosa, revelam que o projeto de Deus na história se desenvolve progressivamente. Como diria Teilhard de Chardin[4], há uma energia divina que perpassa, misteriosamente, toda a criação, e a conduz à plenitude do Amor.

---

4 Cf. FREI BETTO. *Sinfonia Universal – A cosmovisão de Teilhard de Chardin.*
Petrópolis: Vozes, 2011.

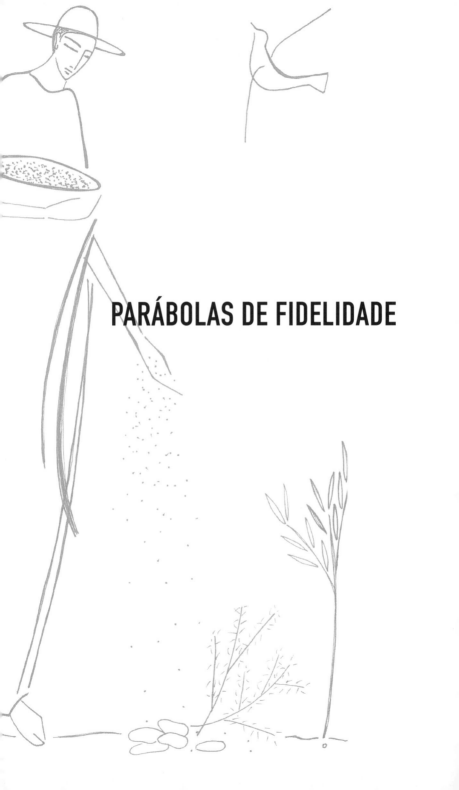

PARÁBOLAS DE FIDELIDADE

7

O bom pastor
(*João* 10,1-5)

– Asseguro a vocês: aquele que não entra pela porta do curral das ovelhas, mas pula por outro lugar, é ladrão e assaltante. Quem entra pela porta é o pastor das ovelhas. O porteiro abre a porta para ele, e as ovelhas ouvem a sua voz. Ele chama cada uma pelo nome e as conduz para fora. Após fazê-las sair, caminha na frente delas, e as ovelhas o seguem porque conhecem a sua voz. Elas jamais seguirão um desconhecido; ao contrário, fugirão dele, porque não conhecem a voz do estranho.

Jesus contou-lhes (aos fariseus) esta parábola, mas eles não entenderam o que Ele queria dizer-lhes.

Comentário

Quando percorri a Palestina, em 1997, empenhado na redação do romance *Um homem chamado Jesus* (Rocco), compreendi melhor esta parábola. Naquela época, visitei aldeias nas quais, pela manhã, os donos de ovelhas entregavam, na praça, seus rebanhos aos cuidados de um jovem pastor. No fim da tarde, o pastor retornava com as ovelhas misturadas em um só rebanho. Cada proprietário dizia uma palavra e, como por encanto, as ovelhas que lhe pertenciam se destacavam do rebanho geral e o seguiam.

A ovelha é um animal precioso, por fornecer lã, couro, leite e carne. No entanto, não possui o instinto de autodefesa encontrado em outros animais. Se não for protegida pelo pastor, pode ser facilmente atacada. Contudo, seu ouvido distingue o som produzido por seu dono, seja pela voz ou por um apito.

Jesus denunciou nessa parábola os falsos pastores, como os que culpabilizam os fiéis, apregoam um moralismo legalista, e fazem da religião um meio de arrancar dinheiro dos incautos. E comparou-os a "ladrões e assaltantes", por usurparem as promessas de Deus e conduzirem o povo à perdição.

Jesus, como bom pastor, veio livrar o povo das falsas lideranças. Entrou pela porta, e não pulando a cerca, como fazem os ladrões. E admitiu com sinceridade sua identificação com esse povo: "Chama cada uma de suas ovelhas pelo nome". Na cultura semita, o nome é a totalidade da pessoa. Chamar pelo nome é sinal de familiaridade.

8

A ovelha perdida

(*Mateus* 18,12-14; versão semelhante
em *Lucas* 15,4-7)

– O que acham que faz um homem que tem cem ovelhas, e uma delas se perde? Será que não deixa as noventa e nove pastando no monte e vai procurar a ovelha perdida? Digo a vocês esta verdade: quando a encontrar, ficará muito mais contente por causa dessa ovelha do que pelas noventa e nove que não se perderam. Assim também o Pai de vocês, que está no Céu, não quer que nenhum desses pequeninos se perca.

Comentário

Esta é uma das parábolas da misericórdia. Atribui-se a Maomé esta afirmação:

Deus criou cem partes de misericórdia.
Guardou noventa e nove para si e deixou
uma ao mundo.

Não há "ovelha desgarrada" que não mereça a atenção amorosa de Deus. Em se tratando de nós, homens e mulheres, infelizmente a recíproca não é verdadeira. Através de nossos preconceitos, "desgarramos" pessoas por razões raciais, sexuais, sociais. Temos dificuldade de condenar o pecado sem deixar de atirar o pecador na fogueira da discriminação.

Ao contrário dos legalistas que, no tempo de Jesus, exigiam severas punições a quem se "desgarrava do rebanho" ao infringir a Lei mosaica, a parábola enfatiza que Deus se alegra quando renunciamos à injustiça e abraçamos a ética e o amor ao próximo.

Há também um longo e difícil aprendizado: amar os inimigos, como nos pede Jesus (*Lucas* 6,27). Não nos pede para não ter inimigos. Seria irreal. Pede para querermos o bem de nossos inimigos, sem detrimento da justiça. Pede, sobretudo, que façamos tudo para que os nossos inimigos não continuem a praticar o mal que condena tantas vidas à miséria, à dívida impagável, ao desemprego, à exclusão social. Esse é o amor que devemos ter aos inimigos.

Quando eu me encontrava preso, sob a ditadura militar[5], aprendi que o ódio destrói primeiro a quem odeia, e não a quem é odiado. Mais tarde, descobri este provérbio:

> *Odiar é tomar veneno esperando que o outro morra.*

Quando a parábola frisa que Deus não quer que ninguém "se perca", sugere que há um projeto para que toda a humanidade seja uma só família. Se alguém "se desgarra" dessa meta, devemos nos empenhar para que retorne ao "redil".

---

5 Cf. FREI BETTO. *Batismo de Sangue*. Rio de Janeiro: Rocco, 2006. • *Diário de Fernando – Nos cárceres da ditadura militar brasileira*. Rio de Janeiro: Rocco, 2009.

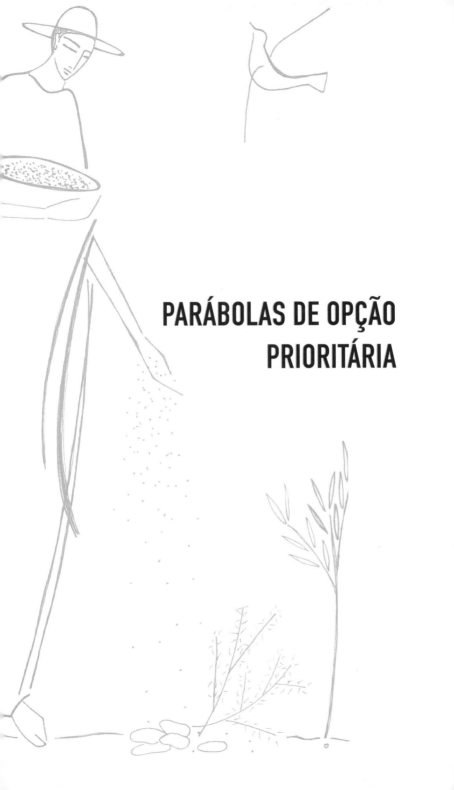

PARÁBOLAS DE OPÇÃO PRIORITÁRIA

9
O tesouro escondido
(*Mateus* 13,44)

– O Reino do Céu é semelhante a um tesouro escondido em um campo. Um homem, ao encontrá-lo, o esconde de novo. Fica tão feliz que vende tudo o que tem e, em seguida, retorna para comprar o campo.

Comentário

No tempo de Jesus, os ricos costumavam guardar suas joias, e moedas de prata e ouro, em vasos de barro que, em seguida, eram enterrados. Assim, ficavam ao abrigo dos ladrões e dos períodos de rebeliões e guerras, quando tudo era devastado.

A parábola enfatiza que devemos sacrificar tudo em função do Reino de Deus, ou seja, da criação de uma sociedade na qual o amor seja a essência do projeto político.

Se, pela fé, estamos convictos das promessas e propostas de Jesus, então devemos, como o personagem da parábola, ter a coragem de nos despojar de tudo que impede nosso engajamento no esforço de implantar o Reino entre nós (a sociedade de justiça e paz). "Vender tudo", diz a parábola. E cada um de nós sabe exatamente onde o sapato aperta... Conhece a tralha que carrega e dificulta os passos, e sabe muito bem quais tendências negativas impedem sua adesão incondicional ao seguimento de Jesus.

Os místicos, como João da Cruz e Teresa de Ávila, nos ensinam como nos desprender desses "bens" que, na verdade, entravam a profundidade de nossa vida espiritual e a radicalidade de nossas opções. Não se trata apenas de bens materiais, como partilhar com os necessitados o dinheiro que poderia ser gasto em coisas supérfluas, mas também de "bens" subjetivos, como apegos, mágoas, ambições, invejas, que nos impedem de ter um coração leve, compassivo e tolerante.

Há muitas dicas para nos ensinar a ser mais despojados, objetiva e subjetivamente. Tenho um amigo que reserva 10% (dez = dízimo) do que ganha "para os outros". Não que saia dando dinheiro a quem encontra pela frente. Porém, quando sabe de alguém que necessita – para saldar uma dívida, fazer um tratamento de saúde, uma viagem inesperada em caso de doença ou morte na família – ele generosamente retira daquela reserva, sem sentir dor no bolso...

Tenho outro amigo que se habituou a dar, a uma obra social, uma camisa a cada vez que ganha de presente outra nova. Conheço uma mulher que cuida à distância de uma criança de família pobre, financiando-lhe os estudos.

Para se livrar dos "bens" subjetivos, os métodos mais indicados são a ascese e a meditação. Ascese significa exercício. Tenho uma amiga que costuma preencher, a cada semana, sete bilhetes com renúncias a apegos que dificultam a sua vida espiritual, ou mesmo corporal. Exemplos: hoje, não comer doce; hoje, não falar mal de ninguém; hoje, visitar um enfermo; hoje, dedicar uma hora à oração etc. Mistura os bilhetes em um pote e, pela manhã, retira um, disposta a cumprir à risca o que foi sorteado.

A meditação "limpa" a mente e nos livra de pensamentos e fantasias nocivos. Convém se recolher ao menos meia hora a cada manhã, antes de iniciar a labuta diária, para meditar. Eis algumas dicas:

1) Reserve meia hora de seu dia.

2) Isole-se em um lugar em que possa ficar sentado (melhor ainda em posição de lótus, com as pernas cruzadas em borboleta).

3) Feche os olhos. Procure não pensar em nada. Fixe a atenção na respiração, observando apenas o ar que entra e sai pelas narinas. Ocupe a mente com um mantra – uma frase qualquer, curta, como "Meu Senhor e meu Deus" ou a palavra aramaica Maranhatha (Vem, Senhor!).

4) Não lute contra os ruídos exteriores – receba-os como nuvens em volta de seu voo interior rumo ao cruzeiro (céu plenamente azul, sem imagens).

5) Use despertador digital (que não tem ruído) para não racionalizar o tempo. Comece com 10 minutos, 15, até chegar aos 30.

6) Permaneça recolhido de olhos fechados enquanto o despertador não tocar, ainda que haja muita turbulência em sua mente e os 30 minutos pesem como 30 horas...

7) Aspire o ar mantendo a mente fixa na ideia de que, pelas narinas, entra saúde e, ao expirar, sai tudo que não é saudável.

8) Imagine a sua mente na cor violeta ou totalmente branca. Limpe as "nuvens" de lembranças, fantasias, ideias que insistem em ocupá-la. Com o tempo, a mente entrará em alfa, ou seja, ficará no ponto cego, branca, vazia.

Fernando Paixão exprime isso como muita arte no poema *Meditação*:

Alfinete ex-
-tremo
de luz
no poema que se apaga[6].

10

A pérola
(*Mateus* 13,45)

– O Reino do Céu é também como um comerciante que anda à procura de pérolas finas. Ao encontrar uma de grande valor, vende tudo o que tem e compra a pérola.

Comentário

Já se sabia, no tempo de Jesus, quão preciosa é uma pérola. César presenteara a mãe de Brutus, Servília Cepião, de quem era amante, com uma valiosíssima pérola. E Cleópatra possuía outra cujo valor era quinze vezes superior.

Só quem entende de pérola sabe o valor que ela tem. Há muita imitação por aí... Isso vale para a Palavra de Deus. Só quem tem afinidade com ela, costuma lê-la, meditá-la e, princi-

---

6 In: *Porcelana invisível*. São Paulo: Cosac Naify, 2015, p. 49.

palmente, vivê-la, conhece o seu valor. Caso contrário, como frisou Jesus, é o mesmo que "dar pérolas aos porcos" (*Mateus* 7,6).

Essa parábola é semelhante à do tesouro escondido. A pérola significa a singularidade da proposta de Jesus. Vale a pena abandonar tudo para abraçá-la.

11

A festa de casamento
(*Mateus* 22,1-14; também em *Lucas* 14,15-24)

– O Reino do Céu é como um rei que preparou uma festa de casamento para seu filho. Em seguida, mandou seus servos chamarem os convidados, mas eles não quiseram vir. Então, enviou outros servos com o seguinte recado: "Digam aos convidados que tudo está preparado para a festa. Já matei os novilhos e os bois gordos, e tudo está pronto. Que venham à festa!"

Mas os convidados não se importaram com o convite. Foram tratar de seus negócios: um foi cuidar de sua fazenda, e outro, de seu comércio. Outros agarraram os servos, bateram neles e os mataram.

O rei ficou com raiva, mandou matar os assassinos e queimar a cidade deles. Depois chamou os seus servos e disse: "A festa de casamento está pronta, mas os convidados não a mereciam. Agora saiam pelas ruas e convidem todos que encontrarem".

Os servos percorreram as ruas e reuniram todos que puderam encontrar, tanto bons quanto maus. O salão de festa ficou repleto. Quando o rei entrou para recepcionar os convidados, notou um homem que não usava roupas adequadas à festa. Perguntou: "Amigo, como entrou sem roupa de festa?"

O homem nada respondeu. Então o rei disse aos servos: "Amarrem os pés e as mãos deste homem e o joguem fora, na escuridão. Lá ele vai chorar e ranger os dentes em desespero".

Jesus terminou ao dizer:

– Muitos são os convidados; poucos, os escolhidos.

Comentário

Esta é uma das parábolas mais interessantes dos evangelhos. Primeiro, contém uma crítica ao modo como se praticava a religião em Israel no tempo de Jesus: o rei (Deus) preparou uma festa de núpcias ou aliança do povo (judeu) com seu filho (Jesus), mas os convidados (as autoridades religiosas de Israel) ignoraram o convite, mais interessados em "tratar de seus negócios". E até maltratam os servos (os Profetas que anunciaram as núpcias de Deus com seu povo).

O rei (Deus) ordenou que os servos trouxessem para a festa todos que fossem encontrados pelas ruas, "bons e maus".

Em *Lucas* 14,21 fica melhor explicitado quem são os convidados do rei "para a festa de casamento do filho": aqueles que habitam "as ruas e os becos da cidade", "os pobres, os aleijados, os cegos e os coxos".

O projeto de Deus se desloca para o mundo dos pobres, marginalizados e excluídos. E o curioso é que Mateus assinala que o rei "notou um homem que não usava roupas de festa". Ora, se a recepção era para celebrar as núpcias de Jesus e só a "gentalha" (que fariseus e saduceus consideravam pecadores) fora convidada, quem era aquele vestido com roupas caras e finas entre tantos que não ostentavam o figurino da moda. No sentido alegórico, como se afirma hoje que fulano não "veste a camisa" – ou seja, não estava comprometido com os valores pregados por Jesus, como a solidariedade.

Esta parábola também revela o olhar crítico de Jesus sobre as condições sociais de sua época. Muitos só se preocupavam, como hoje, em "tratar de seus negócios: um foi cuidar de sua fazenda, e outro, de seu comércio". Tinham o coração ocupado por cifrões, e não pela presença amorosa de Deus. Amavam, primeiro, seus próprios interesses, e não o próximo.

O primeiro grupo de convidados se exclui por si mesmo. Já o segundo, dos que vivem em situação desumana, oprimidos, são os convidados à festa de casamento. Há, pois, uma nítida inversão: aqueles considerados "importantes" aos olhos da sociedade são rejeitados; e os desprezados são os convidados especiais do rei, ou seja, de Deus.

12
O servo fiel e o servo infiel
(*Mateus* 24,45-51; também em *Lucas* 12,41-48)

– Sabemos quem é o servo fiel e inteligente que o patrão encarrega de tomar conta dos outros servos, para dar-lhes alimento no momento certo. Feliz o servo que fizer isso. Pois digo a vocês: quando o patrão chegar o colocará como administrador de toda a propriedade.

– Mas se o servo for mau, pensará assim: "O patrão demora muito a voltar". Então maltratará seus companheiros e irá beber e comer com os boêmios. O patrão retornará no dia em que este servo menos espera e em hora que ele não aguarda. Aí o patrão mandará castigá-lo duramente e atirá-lo onde são jogados os hipócritas. Então, ele chorará e rangerá os dentes em desespero.

Comentário

Vale ressaltar um aspecto da conjuntura socioeconômica do Império Romano, no qual a Palestina de Jesus estava inserida. Havia escravos e servos cultos o suficiente para serem administradores. Daí a diferença entre o escravo administrador (*oikónomos*) e o escravo trabalhador manual (*ergátes*). Varrão, escritor romano do século I, em um tratado sobre agricultura, assinala como os senhores, que preferiam habitar as cidades, confiavam o cuidado de seus latifúndios à administração de um escravo instruído[7].

Esta é uma parábola que nos exige opção de vida. Cada um de nós sabe que valores deve abraçar. No entanto, vamos adiando... para "quando o patrão voltar". Empurramos com a barriga os nossos bons propósitos e postergamos as opções radicais (de raiz) que sabemos ser chamados a fazer. Isso vale para o modo como cultivamos nossa espiritualidade, e também para a importância de nos somarmos de modo mais efetivo àqueles que lutam por justiça.

Quantas vezes não dizemos a nós mesmos: "A partir de amanhã dedicarei mais tempo à oração"? "Semana que vem vi-

---

7 Cf. VARRÃO, M.T. *Das coisas do campo* (*De re rustica*).

sitarei aquele amigo doente..." "Qualquer dia me uno aos que se empenham na defesa dos sem-teto e dos sem-terra..." E a vida passa sem que nos afastemos de nosso comodismo. Deixamos decisões fundamentais, óbvias em nossa cabeça, para amanhã... Um amanhã que nunca chega, porque "o patrão demora"...

Contudo, a parábola não tem como tema central a ausência do patrão, e sim a diferença entre o servo fiel, que soube cuidar de seus companheiros, e o servo infiel, que maltratou aqueles que trabalhavam sob sua guarda. Deus nos confiou a responsabilidade de amar assim como Jesus amou: com tolerância, compaixão e capacidade de perdoar. No entanto, por vezes nos julgamos objetos da confiança e do amor de Deus, mas não somos capazes de fazer do próximo objeto da nossa confiança e do nosso amor. Agimos movidos por sentimentos de ira, vingança, inveja, ódio. E nos surpreendemos quando outros nos tratam da mesma maneira. Somos servos, mas infiéis. A parábola nos convida à fidelidade evangélica.

13

As moças insensatas
(*Mateus* 25,1-13)

– O Reino do Céu é como dez moças que pegaram suas lamparinas e saíram para encontrar o noivo. Cinco eram sem juízo, e cinco ajuizadas. As moças sem juízo não levaram reserva de óleo para suas lamparinas. As ajuizadas levaram reserva. Como o noivo se atrasava, as dez moças começaram a cochilar e pegaram no sono.

À meia-noite, uma delas gritou: "O noivo vem chegando! Venham ao encontro dele!"

Então, todas despertaram e acenderam as suas lamparinas. As sem juízo disseram às previdentes: "Deem um pouco de óleo para nós, pois as nossas lamparinas estão se apagando".

"De jeito nenhum" – responderam as ajuizadas. – "O óleo que temos não é suficiente para nós e para vocês. Se querem óleo, tratem de comprar!"

As moças desprevenidas saíram para comprar óleo e enquanto estavam fora o noivo chegou. As cinco moças que tinham a lamparina acesa entraram com o noivo para a festa de casamento, e a porta foi trancada.

Mais tarde, as outras chegaram e começaram a gritar: "Senhor, senhor, nos deixe entrar!"

O noivo respondeu: "Não sei quem são vocês!"

E Jesus terminou, dizendo:

– Portanto, vigiem, porque vocês não sabem qual será o dia nem a hora.

Comentário

O noivo é o projeto de Deus, proposto por Jesus. Esta é uma parábola de advertência, dirigida em especial aos que usufruem de poder e imaginam que, por terem acesso a privilégios, jamais serão excluídos do projeto de Deus. São aqueles que o conhecem e "dormem" despreocupados, ou seja, o tratam com negligência.

Jesus utilizou uma imagem corriqueira de seu tempo e ainda atual em muitas regiões. Sabemos que Ele participou de casamentos, como o ocorrido em Caná (*João* 2,1-11), onde fez seu primeiro milagre, inteiramente gratuito, pois não visava a cura de uma pessoa, e sim evitar que a festa tivesse um fim antecipado por falta de vinho (*João* 2,1-11).

Vigiar, manter a lamparina acesa significa não esmorecer na vida de fé, saber adubá-la com frequência, dedicar-se à oração, incorporar-se à comunidade cristã, não "dormir no ponto"...

Não se abraça o seguimento de Jesus sem suficiente "combustível", o óleo que mantém acesa a chama da fé, da esperança e do amor. As dicas são óbvias: viver a fé em comunidade, aderir a um movimento que ajuda a organizar a esperança (em um mundo melhor), defender a preservação da natureza, sair de si mesmo para praticar o amor. Quem na minha família exige cuidado? Entre minhas amizades, alguém necessita de minha atenção? O que faço para minorar, no contexto em que vivo, a injustiça e a opressão?

14

Os três servos

(*Mateus* 25,14-30; versão semelhante
em *Lucas* 19,11-27)

– O Reino do Céu será como o homem que fez uma viagem. Ele chamou os servos e orientou-os sobre como tomar conta de sua propriedade. Deu dinheiro a cada um, de acordo com a capacidade demonstrada no trabalho: ao primeiro, quinhentas moedas de ouro; ao segundo, duzentas; e ao terceiro, cem. Em seguida, viajou.

– O servo que havia recebido quinhentas moedas saiu logo, fez negócios com o dinheiro e conseguiu outras quinhentas. Do mesmo modo, o que havia recebido duzentas moedas obteve outras duzentas. Mas o que tinha recebido cem fez um buraco no chão e enterrou o dinheiro do patrão.

– Após muito tempo, o patrão retornou e chamou-os para o acerto de contas. O servo que havia recebido quinhentas moedas veio e entregou-lhe mais quinhentas, dizendo: "O senhor me entregou quinhentas moedas. Veja! Aqui estão mais quinhentas que consegui ganhar".

– "Muito bem, servo bom e fiel", disse o patrão. "Você foi fiel negociando com pouco dinheiro e, por isso, farei você negociar com muito. Venha festejar comigo!"

O servo que havia recebido duzentas moedas veio e disse:

– "O senhor me confiou duzentas moedas. Veja! Eis aqui mais duzentas que consegui ganhar".

– "Muito bem, servo bom e fiel", disse o patrão. "Você foi fiel negociando com pouco dinheiro e, por isso, farei você negociar com muito. Venha festejar comigo!"

O servo a quem havia sido entregue cem moedas veio e disse:

– "Sei que o senhor é um homem rigoroso, que colhe onde não plantou e recolhe onde não semeou. Fiquei com medo e, por isso, escondi o dinheiro no chão. Veja! Aqui está o seu dinheiro".

– "Servo mau e preguiçoso!" – disse o patrão. "Você sabia que colho onde não plantei e recolho onde não semeei. Por isso devia ter depositado meu dinheiro no banco e, quando eu retornasse, receberia com juros."

Em seguida, virou-se para os outros servos e disse:

– "Tirem dele o dinheiro e deem ao que tem mil moedas. Porque aquele que tem muito receberá mais e, assim, terá mais ainda. Mas quem não tem, até o pouco que tem será tirado dele. E expulsem jogando na escuridão o servo inútil. Ali ele chorará e rangerá os dentes em desespero".

Comentário

Cada um de nós recebeu de Deus umas tantas "moedas". São os talentos, as oportunidades, as luzes que indicam o caminho a seguir. Podemos multiplicá-las ou enterrá-las. Sabem multiplicá-las aqueles que direcionam a sua vida para edificar uma sociedade mais fraterna, igualitária, justa e livre. Enterram-nas aqueles que guardam para si o que receberam, inclusive o dom maior, a vida, e permanecem indiferentes ao próximo, à natureza e a Deus.

15

O administrador esperto

(*Lucas* 16,1-13)

– Havia um homem rico cujo administrador cuidava de seus bens. Foram dizer a esse homem que o administrador desperdiçava o dinheiro dele. Ele, então, o chamou e disse: "Andei ouvindo coisas a seu respeito. Temos de acertar as contas de sua administração, pois você não pode mais continuar como meu administrador".

– O administrador pensou: "O patrão está me despedindo. E agora, como viverei? Não tenho forças para lavrar a terra e tenho vergonha de pedir esmolas. Ah, já sei o que fazer... Quando for despedido, terei amigos que me receberão em suas casas".

– Então convocou todos os devedores do patrão e perguntou ao primeiro: "Quanto deve ao meu patrão?"

– "Cem barris de azeite" – ouviu como resposta.

O administrador disse: "Aqui está a sua conta. Sente-se e escreva cinquenta".

– Para outro, perguntou: "E você, quanto deve?"

– "Mil medidas de trigo" – respondeu o homem.

– Escreva oitocentas!" – ordenou o administrador.

– O patrão percebeu a desonestidade do administrador, mas admirou a sua astúcia e o elogiou pela esperteza.

E Jesus prosseguiu:

– As pessoas deste mundo são muito mais espertas nos seus negócios do que aquelas que pertencem à luz. Por isso, digo a vocês: usem as riquezas deste mundo para fazer amigos, a fim de que, quando as riquezas faltarem, eles recebam vocês no lar eterno. Quem é fiel nas coisas pequenas, também será nas grandes; e quem é desonesto nas coisas pequenas, também será nas grandes. Se vocês não forem honestos com as riquezas deste mundo, quem porá vocês para tomar conta das riquezas verdadeiras? E se não forem honestos com o que é dos outros, quem lhes dará o que é de vocês?

– Um servo não pode servir a dois senhores ao mesmo tempo, pois rejeitará um e preferirá o outro; ou será fiel a um e desprezará o outro. Vocês não podem servir a Deus e, ao mesmo tempo, ao dinheiro.

Comentário

Esta parábola parece, à primeira vista, óbvia condenação da prática de corrupção. O administrador esbanjava o dinheiro do patrão e, com ele, cuidava de corromper outros para garantir seu próprio futuro.

Aplicada à realidade atual, o administrador equivaleria ao funcionário público que trabalha na administração municipal, estadual ou federal, e tem acesso aos recursos do Estado. Para assegurar sua permanência no poder, ele favorece, com recursos alheios (da máquina estatal), amigos e correligionários, de modo que, ainda que venha a perder aquela função, outra lhe será oferecida na estrutura de poder ou na iniciativa privada.

Jesus sabia que, "quem é fiel nas coisas pequenas, também será nas grandes; e quem é desonesto nas coisas pequenas, também será nas grandes". O corrupto nasce na adolescência, quando se julga esperto e rouba a mercadoria de uma loja; embolsa o troco a mais que a caixa do supermercado lhe deu por engano; carrega para casa objetos que pertencem ao acervo da escola ou do hotel. Ele pensa, primeiro, em si, e não na comunidade, no bem comum. Por isso, ainda que encha a boca com o nome de Deus, de fato é um servidor do dinheiro, atado ao seu egoísmo e à falta de caráter.

No entanto, esta parábola não trata exatamente de corrupção. Ela surpreende porque foge à lógica do sistema capitalista no qual vivemos. O administrador foi denunciado por alguém que o julgava estar esbanjando os bens do proprietário. Como ele sabia que iria perder o emprego, não procurou se justificar. Agiu de modo a favorecer os endividados. De certo modo, socializou os bens do patrão. E assim tratou de preparar seu futuro, caso o patrão viesse a despedi-lo: "Quando for despedido, terei amigos que me receberão em suas casas". E, ao contrário da lógica hoje predominante, o administrador, por seu modo de agir, mereceu elogios do patrão.

Há outro aspecto a considerar. Quando Jesus disse: "Usem as riquezas deste mundo para fazer amigos", Ele realçou que, se temos bens, não devem servir para criar inimizades, e sim amigos. Muitas vezes os bens excessivos tornam as pessoas egoístas, ambiciosas, apegadas mais ao dinheiro do que às relações de amizade. Jesus aconselhou que eles sejam usados "para fazer amigos", ou seja, partilhados, como muita gente rica costuma fazer ao pagar a escola de um aluno de baixa renda, doar uma casa à cozinheira da família, bancar as despesas hospitalares de um enfermo ou financiar um movimento que defende os direitos dos pobres.

Essa fidelidade às necessidades do próximo é o sinal de que somos fiéis ao projeto amoroso de Deus.

16

O juízo final

(*Mateus* 25,31-46)

– Quando o Filho do Homem vier como Rei, com todos os anjos, sentará no trono real. Todos os povos da Terra se reunirão diante dele, e Ele separará as pessoas, assim como o pastor separa as ovelhas das cabras. Porá os bons à sua direita e os outros à esquerda.

– Então o Rei dirá aos que estiverem à sua direita: "Venham e recebam o Reino que meu Pai preparou para vocês desde a criação do mundo. Pois eu estava com fome e vocês me deram comida; estava com sede, e me deram água; era imigrante, e me receberam em suas casas; estava sem roupa, e me vestiram; estava doente, e cuidaram de mim; estava preso e foram me visitar".

– Então os bons perguntarão: "Senhor, quando o vimos com fome e lhe demos comida ou com sede e lhe demos água? Quando vimos o Senhor como imigrante e o recebemos nas nossas casas ou sem roupa e o vestimos? Quando o vimos doente ou na prisão e fomos visitá-lo?"

– O Rei responderá: "Afirmo a vocês esta verdade: Quando fizeram isso ao mais humilde dos meus irmãos, foi a mim que fizeram".

– Depois Ele dirá aos que estiverem à sua esquerda: "Vocês que estão sob a maldição de Deus afastem-se de mim! Vão para o fogo eterno, preparado pelo diabo e seus anjos! Pois eu estava com fome e vocês não me deram comida; estava com sede e não me deram água; era imigrante e não me receberam em suas casas; estava sem roupa e não me vestiram; estava doente ou na prisão, e não foram me visitar".

– Então eles perguntarão: "Senhor, quando o vimos com fome ou com sede, ou como imigrante ou sem roupa ou doente ou na prisão e não o socorremos?"

– O Rei responderá: "Afirmo a vocês esta verdade: Todas as vezes que deixaram de ajudar uma dessas pessoas mais humildes foi a mim que deixaram de fazê-lo".

Jesus terminou assim:

– Portanto, estes irão para o castigo eterno; mas os bons, para a vida eterna.

Comentário

Esta é, em minha opinião, a mais surpreendente parábola de Jesus. Por quê? Porque desloca o enfoque teológico. O critério com que Deus nos julga não é o cumprimento das prescrições religiosas. Não é o número de vezes que participamos do culto ou pagamos o dízimo, nem a quantidade de orações feitas ou a qualidade de nosso jejum ou abstinência de certos alimentos.

O que realmente importa é a nossa sensibilidade social, a nossa capacidade de prestar serviço às pessoas que carecem dos bens mais essenciais e elementares: alimento, saúde, vestuário, abrigo, liberdade. Podemos fazer isso de modo assistencialista, como dar um prato de comida ao mendigo que nos bate à porta (mas à noite ele terá fome de novo), ou de modo emancipatório, lutando por uma sociedade livre das causas da pobreza e da miséria. O mais indicado é abraçar as duas vias, embora a segunda dê melhor resultado.

Jesus, ao contrário do que muitos pensam, não veio fundar uma Igreja ou uma religião. Veio nos propor um novo modelo civilizatório, condensado na utopia que o motivava: o Reino de Deus. Falar de reino na América Latina soa anacrônico, na medida em que já não há monarquia em nossos países. Porém, falar de um reino *de Deus* dentro do reino *de César* era o mesmo que, hoje, anunciar um sistema social alternativo ao capitalismo ou um "outro mundo possível"...

Jesus veio "para que todos tenham vida e vida em abundância" (*João* 10,10). A vida é o dom maior de Deus, e não a fé ou a religião que professamos. Portanto, são amados por Deus aqueles capazes de amar quem foi criado à imagem e semelhança dele e, no entanto, agora padece fome, sede, abandono, doença e opressão.

Os pobres são a presença de Jesus entre nós. A parábola deixa claro que servir ao pobre é servir a Deus. E isso vale para aqueles que não têm fé em Deus e, no entanto, lutam pela libertação dos excluídos. Eles haverão de perguntar: "Senhor, quando o vimos com fome ou com sede, ou como imigrante, ou sem roupa, ou doente, ou na prisão, e não o socorremos?" Embora não acreditassem em Deus, empenharam-se para que todos tivessem "vida, e vida em abundância". Então Deus dirá a eles: "Afirmo a vocês esta verdade: quando fizeram isso ao mais humilde dos meus irmãos, a mim fizeram".

É indiscutível, portanto, que a nossa salvação depende da atitude que temos frente ao sofrimento humano. Jesus não fez o Rei proclamar: "Ide malditos, afastai-vos de mim, porque roubastes, fornicastes, mentistes etc." Não mencionou a violação dos Dez Mandamentos. Nem falou de culpas, fé ou religião. Uma única coisa Ele considerou importante: a nossa atitude diante dos nossos semelhantes que sofrem. A defesa dos direitos humanos.

Pecar é se omitir perante o sofrimento ou favorecê-lo ao apoiar estruturas injustas que empobrecem e oprimem inúmeras pessoas.

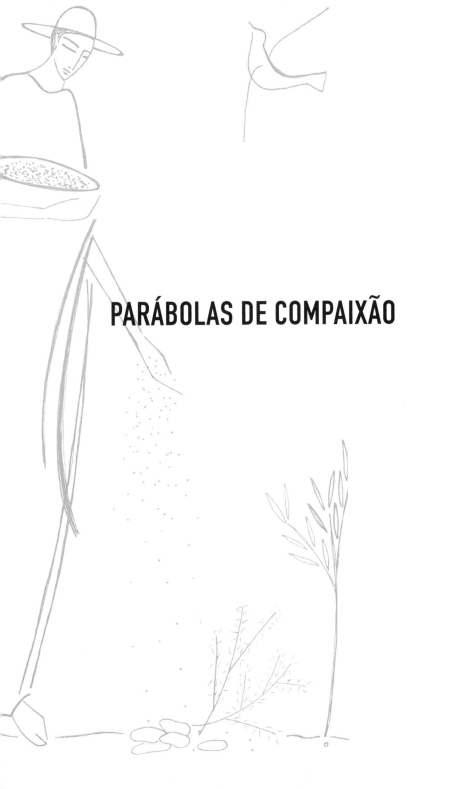

PARÁBOLAS DE COMPAIXÃO

17

O perdão

(*Mateus* 18,21-35)

Pedro se aproximou de Jesus e perguntou:

– Senhor, quantas vezes devo perdoar o meu irmão que peca contra mim? Sete vezes?

– Não – respondeu Jesus –, você não deve perdoar sete, mas setenta e sete vezes. Porque o Reino do Céu é como a história de um rei que resolveu fazer um acerto de contas com seus súditos. Logo compareceu um que lhe devia milhões de moedas de prata. O súdito não tinha dinheiro para pagar. Então o rei ordenou que fossem vendidos, como escravos, o súdito, sua esposa e os filhos, e também tudo o que ele possuía. O súdito se ajoelhou diante do rei e pediu: "Tenha paciência comigo e pagarei tudo ao senhor".

– O rei teve pena dele, perdoou-lhe a dívida e deixou que fosse embora. O súdito, ao sair, encontrou um companheiro de trabalho que lhe devia cem moedas de prata. Agarrou-o pelo pescoço e começou a sacudi-lo dizendo: "Pague o que me deve".

– O companheiro se ajoelhou e pediu: "Tenha paciência comigo e lhe pagarei tudo". Mas ele não concordou. Mandou prendê-lo até que pagasse a dívida.

– Quando os outros súditos viram o que havia acontecido, ficaram revoltados. Contaram tudo ao rei, que convocou aquele súdito e disse: "Homem miserável! Você me pediu e eu perdoei tudo que me devia. Portanto, deveria ter tido pena de seu companheiro, como tive de você".

– O rei ficou com muita raiva e mandou o súdito para a cadeia a fim de ser castigado até que pagasse toda a dívida.

Jesus terminou, dizendo:

– É isso que o meu Pai, que está no Céu, fará com vocês se cada um não perdoar sinceramente o seu irmão.

Comentário

Sete, na Bíblia, significa "muitos", assim como, hoje, na matemática, o oito deitado (∞) significa "infinito". Ao afirmar que o perdão não deve ser apenas sete, mas "setenta e sete vezes", Jesus quis ressaltar que a nossa capacidade de perdoar não deve ter limite, deve ser infinita. Claro que Jesus não propôs bancarmos o bobo e perdoar de antemão aqueles que praticam o mal. O perdão supõe arrependimento. Quem se desculpa e repara o malfeito merece ser perdoado.

Nessa parábola Jesus critica uma situação muito comum ainda hoje: a pessoa subalterna incapaz de perdoar e ser compreensiva com outras pessoas, mas que, no entanto, mereceu o perdão e a compreensão de alguém mais importante do que ela. É o cúmulo da hipocrisia merecer o perdão e não ser capaz de perdoar!

Todos nós queremos o perdão de Deus, como o súdito suplicou o do rei. Porém, muitas vezes, do alto de nossa arrogância, não somos capazes de perdoar o próximo e, também, de reconhecer nossos próprios erros. Quantas vezes ofendemos outras pessoas? Quantas vezes fomos omissos com o próximo? Quantas vezes nos faltou humildade para admitir que também somos frágeis e erramos? Será que não colaboramos para poluir a nossa *casa comum*, como alertou o papa Francisco? Como nos portamos diante de moradores de rua e de pessoas portadoras de deficiências físicas e mentais? Como reagimos quando um amigo em difícil situação financeira solicita a nossa ajuda?

Antes de cobrar dos outros, devemos cobrar de nós mesmos. Porém, ninguém é juiz de si mesmo. Sempre mantemos, a nosso respeito, a ideia de que somos melhores do que realmente somos. Experimente indagar de seu amigo o que ele pensa de você. Deixe que o critique! Isso exige considerável dose de humildade, palavra que vem de *húmus*, terra, e significa ter os pés no chão, e não se considerar nem maior nem menor do que ninguém.

A parábola suscita também o tema da solidariedade. O rei foi solidário com o súdito devedor. Teve compaixão dele. No entanto, o súdito não foi capaz da mesma atitude com seu colega de trabalho. Não teve compaixão. Castigou-o sem piedade.

Será que nós, que tanto esperamos que os outros sejam compreensivos e generosos conosco, somos capazes da mesma atitude diante daqueles que estariam em "dívida" em relação a nós? Ainda que não os castiguemos, como fez o súdito ao mandar prender seu colega devedor, será que o nosso coração não se transforma em um pote de mágoa, ira, anseios de vingança e maldade?

A parábola acentua que nós pagamos a Deus na medida em que perdoamos as dívidas do próximo. Na versão protestante do *Pai-nosso* se ora: "Perdoai as nossas dívidas, assim como nós perdoamos aos nossos devedores". Ora, se não perdoamos aos nossos devedores, como esperar que Deus nos perdoe? Isso vale também para o Banco Mundial, o FMI, o Banco Central Europeu em relação aos países endividados.

Deus perdoa as nossas "dívidas", os nossos pecados, na medida em que somos capazes de perdoar quem nos deve, não só financeiramente (se o dinheiro que emprestamos constituiu necessidade para o próximo e supérfluo para nós), mas também as "dívidas" afetivas, ofensivas, decepcionantes e traiçoeiras que, por isso, na versão atual do *Pai-nosso*, são consideradas "ofensas" – "Perdoai as nossas ofensas, assim como nós perdoamos a quem nos tem ofendido".

18

A moeda perdida
(*Lucas* 15,8-10)

– Se uma mulher, que possui dez moedas de prata, perde uma, vai procurá-la, não é mesmo? Ela acende a lamparina, varre a casa e procura com muito cuidado, até achá-la. E quando a encontra, chama as amigas e vizinhas e diz: "Alegrem-se comigo, porque achei a minha moeda perdida".

– Afirmo a vocês que, assim também, os anjos de Deus se alegrarão por causa de um pecador que se arrepende de seus pecados.

Comentário
Esta é outra parábola da misericórdia. Jesus compara Deus a uma mulher e frisa que ele (ou ela) se alegra quando abandonamos a má conduta e agimos segundo os preceitos evan-

gélicos. Também o nosso coração e a nossa consciência "se alegram" quando somos coerentes e agimos conforme Jesus nos propõe.

19

Os dois devedores
(*Lucas* 7,41-47)

Jesus contou:

– Dois homens tinham uma dívida com um agiota. Um deles devia quinhentas moedas de prata, e o outro, cinquenta. Mas nenhum dos dois podia pagar ao agiota. Então ele perdoou a dívida dos dois. Qual deles vai estimá-lo mais?

– Aquele que foi mais perdoado! – respondeu Simão (o fariseu, em cuja casa Jesus foi jantar).

– Você está certo! – disse Jesus.

Jesus apontou a mulher (de má fama, que havia entrado na sala, lavado os pés dele com perfume e enxugado com os próprios cabelos) e disse a Simão:

– Vê esta mulher? Quando entrei, você não me ofereceu água para lavar os pés. Ela os lavou com as suas lágrimas e os enxugou com seus cabelos. Você não me beijou quando cheguei[8]. Ela, porém, não para de beijar os meus pés desde que entrei. Você não pôs azeite perfumado em minha cabeça, mas

---

8 No Oriente, é costume os homens se beijarem na face ao se encontrarem.

ela derramou perfume nos meus pés. Digo a você: O grande amor que ela demonstrou prova que os muitos pecados dela já foram perdoados. Mas onde pouco é perdoado, pouco amor é demonstrado.

Comentário

A parábola comprova que, naquele tempo, já havia agiotas, e que Jesus não nutria preconceitos em relação a quem pensava e agia de modo diferente do dele. Tanto que aceitou jantar na casa de um fariseu, uma autoridade religiosa que tinha excessiva preocupação em se preservar de qualquer "impureza", como tocar ou se deixar tocar por uma prostituta, uma "pecadora".

Ao descrever o paralelo entre os dois devedores, Jesus sabia que o fariseu, como homem piedoso, também se sentia pecador diante de Deus. Porém, comparando-se àquela mulher de "má fama", certamente ele se julgava muito mais merecedor de bênçãos e salvação do que ela.

É o caso do homem que devia apenas cinquenta moedas de prata. Seria, para ele, mais fácil saldar a dívida do que para o outro que devia quinhentas, dez vezes mais! No entanto, o agiota perdoou os dois. Isso inverteu a situação: o devedor mais encalacrado se tornou o mais beneficiado.

Foi o modo pedagógico de Jesus fazer o fariseu entender que Deus não exige o mesmo de um religioso que estudou as Escrituras e de uma pobre mulher que, para sobreviver, se vê obrigada a alugar seu corpo. E, no entanto, foi capaz de dar o melhor de si para agradar a Jesus e obter misericórdia.

20

O filho pródigo ou o pai misericordioso
(*Lucas* 15,11-32)

– Um homem tinha dois filhos. Certo dia o mais moço disse ao pai: "Pai, quero agora a minha parte da herança".

– O pai repartiu os bens entre os dois. Dias depois, o mais moço pegou o que era dele e partiu para um país muito distante. Ali teve uma vida dissoluta e gastou tudo.

– O rapaz já tinha ficado quase sem dinheiro, quando houve uma grande fome no país em que vivia e começou a passar necessidade. Procurou um homem e pediu ajuda. Este o mandou para a sua fazenda a fim de cuidar dos porcos. Ali, com fome, tinha vontade de comer o que os porcos comiam, mas ninguém lhe dava nada. Caindo em si, pensou: "Quantos empregados do meu pai têm comida de sobra, e eu, aqui, morrendo de fome! Voltarei para a casa do meu pai e direi: 'Pai, pequei contra Deus e contra o senhor, e não mereço mais ser chamado de filho. Me aceite como um de seus empregados'". Retornou à casa do pai.

– Quando ainda estava longe de casa, o pai o avistou. E, cheio de compaixão, correu, abraçou-o e beijou-o. O filho disse: "Pai, pequei contra Deus e contra o senhor, e não mereço mais ser chamado seu filho!"

– O pai, entretanto, ordenou aos empregados: "Depressa! Tragam a melhor roupa e vistam nele. Ponham um anel no dedo dele e sandálias nos pés. Também busquem e matem o novilho gordo. Vamos festejar! Porque este meu filho estava morto e viveu de novo; estava perdido e foi encontrado".

– E fizeram a festa.

– Enquanto isso, o filho mais velho estava no campo. Ao retornar e aproximar-se da casa, ouviu a música que embalava os dançarinos. Chamou um empregado e perguntou: "O que está acontecendo?"

– O empregado respondeu: "Seu irmão voltou para casa vivo e com saúde. Por isso, seu pai mandou matar o novilho gordo".

– O filho mais velho ficou com raiva e não quis entrar. O pai veio até ele e insistiu para que entrasse. Mas ouviu a queixa: "Faz anos que trabalho como um escravo para o senhor, e nunca desobedeci uma ordem sua. Mesmo assim, o senhor jamais me deu sequer um cabrito para eu festejar com meus amigos. Porém, este seu filho dilapidou tudo que era do senhor, gastando dinheiro com prostitutas. Agora ele retorna e o senhor manda preparar o novilho gordo!"

– Então, o pai respondeu: "Meu filho, você está sempre comigo, e tudo o que é meu é seu. Era preciso fazer essa festa para comemorar a nossa alegria. Seu irmão estava morto e viveu de novo; estava perdido e foi achado".

Comentário

Esta é uma das mais pedagógicas parábolas de Jesus. Demonstra a ideia que Jesus tinha de Deus: um Pai amoroso, que ama todos os seus filhos, os obedientes e os devassos; os fiéis e os que dilapidam bens ou talentos recebidos. Deus, que é Pai, age como mãe: jamais abandona seus filhos, cometam eles o pecado que cometerem.

O filho pode perder a condição de filho, porém o Pai nunca perde a sua condição de Pai, já que somos todos filhos criados e amados por Ele, ainda que um ou outro parta "para um país muito distante".

No antigo Oriente era considerada suprema desfeita um filho exigir sua parte da herança antes da morte do pai. Isso significava que, para o filho, o pai pouco importava. O importante era o dinheiro que possuía. A cobiça suplantava o afeto e o respeito.

Ora, todos nós, cristãos, praticamos a nossa fé de acordo com a ideia que fazemos de Deus. Por isso, o desafio maior *não é ter fé em Jesus, é ter a fé de Jesus*. Na parábola acima, Jesus comprova que o amor de Deus extrapola nosso moralismo, nossos escrúpulos, nosso legalismo religioso.

O filho mais jovem, ao decidir sair de casa, não foi impedido pelo pai. Esta atitude demonstra que, para Jesus, Deus é um Pai que respeita a nossa liberdade. Não interfere em nossa autonomia.

Dois aspectos merecem ser ressaltados quanto ao final da parábola: o pai vai ao encontro do filho esbanjador *antes* deste se desculpar: "Quando o rapaz ainda estava longe de casa, o pai o avistou. E, cheio de compaixão, correu, o abraçou e beijou". Lucas multiplica expressões amorosas: compaixão, correr ao encontro, abraço, beijo... E ainda os presentes: roupa nova, sandálias, anel, comida farta...

Jesus retrata um Deus amoroso, perdulário, festeiro, alegre, o inverso do Deus severo, irado e castigador apregoado pelos fariseus. Este era o Deus no qual acreditava o filho mais velho. Ou seja, a iniciativa do perdão e do gesto de amor é de Deus. E a nossa abertura a Ele é motivo de festa!

O filho mais velho expressa a fé no Deus do legalismo. O mais novo, no Deus amoroso.

O outro aspecto é a crítica feita por Jesus a quem se compara em espiritualidade com outras pessoas. Sobretudo quando caímos na arrogância de nos considerar "mais santos" do que outros, como foi o caso do filho mais velho, ou temos inveja daqueles que aparentemente são agraciados por Deus com mais dons ou bens.

A parábola ensina que, se aceitamos Deus como nosso Pai, temos de aceitar nossos semelhantes como nossos irmãos, o que torna injustificável todo preconceito ou discriminação. O filho mais velho reconhecia o Pai, mas não queria readmitir o irmão. Jesus ensinou que não pode ser assim.

"Deus é amor" (*Primeira Carta de João* 4,8), nos ama incondicionalmente e sempre mantém abertos seu coração e sua casa para nos receber. Cabe-nos, porém, a iniciativa de reconhecer os nossos pecados e nos dirigirmos a Ele, que nos acolhe com "abraços, beijos e festa".

A ideia que fazemos de um pai não se aplica a Deus. A parábola demonstra que Deus, como Pai, destoa da figura de pai convencional. Qual pai sairia a abraçar e beijar seu filho antes mesmo que este se explicasse e desculpasse? Qual pai promoveria uma festa para o filho que dilapidou sua herança, sem também homenagear o filho mais velho, que lhe foi sempre fiel? Portanto, em se tratando de Deus, o amor que Ele nutre por nós supera toda "contabilidade" que imprimimos às relações amorosas ou de parentesco.

Para quem é egoísta ou legalista, o perdão ou a misericórdia é uma "injustiça". Essa a reação do filho mais velho. Nele vigorava a lógica da meritocracia, e não a do amor.

21

A relação entre pais e filhos
(*Mateus* 7,9-11)

– Por acaso algum de vocês, que é pai, será capaz de dar pedra ao filho quando ele pede pão? Ou uma cobra quando ele pede peixe? Vocês, mesmo sendo maus, sabem dar coisas boas aos filhos. Quanto mais o Pai de vocês, que está no Céu, dará coisas boas aos que lhe pedirem!

Comentário

Pobre Deus! Quantas vezes projetamos nele nossos esquemas mentais! O deus calculista, legalista, contabilista, não é o Deus de Jesus. O de Jesus é o Deus Pai amoroso ("Deus é Pai, mais ainda, é Mãe", disse o papa João Paulo I)[9], que ouve as nossas preces e responde segundo os desígnios dele, e não de acordo com as nossas expectativas.

A parábola enfatiza a importância da oração. Devemos pedir a Deus o que julgamos necessário a nós e aos outros. Talvez a resposta não esteja ao alcance de nosso entendimento. Jesus, contudo, assegurou que o Pai jamais dá aos filhos o que não lhes convém. E a fé nos exige confiar nisso.

A dificuldade muitas vezes reside nas vozes interiores que nos tumultuam a mente. Em todos nós elas se manifestam. Quando alguém nos decepciona somos tomados por sentimentos de rejeição, vingança, ira. Quando um funcio-

---

9 Roma, Oração do *Angelus*, 10/09/1978 [Disponível em http://w2.vatican.va/content/john-paul-i/pt/angelus/documents/hf_jp-i_ang_10091978.html].

nário público nos atende com menosprezo e arrogância, a raiva nos impregna o coração. Quando as coisas não acontecem exatamente como havíamos planejado, a frustração nos deixa deprimidos.

Onde está a nossa confiança na paternidade amorosa de Deus? As reações negativas de nossa mente, os sentimentos ácidos que nos invadem, nada disso haverá de mudar a situação. Apenas nos causará desgaste físico e emocional, prejudicando-nos a saúde.

Portanto, a parábola nos ensina que orar é saber confiar. E cultivar pensamentos e sentimentos positivos. Por enquanto, vemos apenas o avesso do bordado, as múltiplas linhas confusas. Porém, se tivermos fé, que ultrapassa todas as nossas elucubrações, um dia Deus nos fará contemplar a beleza do desenho e entender os seus desígnios.

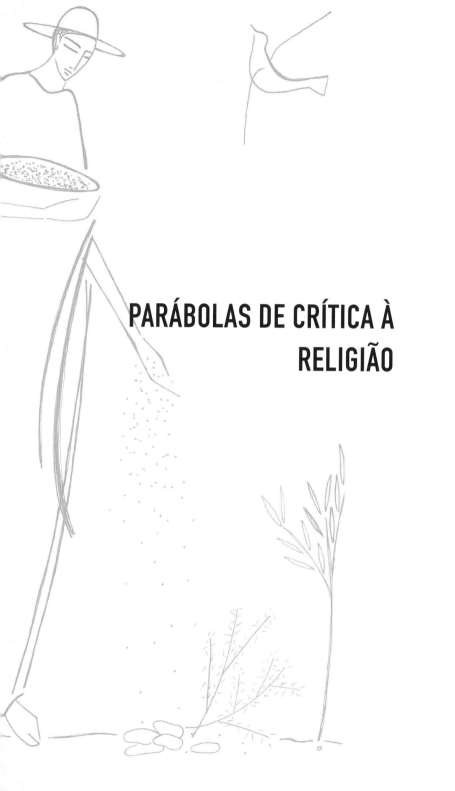

PARÁBOLAS DE CRÍTICA À RELIGIÃO

22

Os dois filhos

(Mateus 21,28-32; versões semelhantes em
Lucas 20,9-18 e em *Marcos* 12,1-12)

– O que vocês acham disso? Um homem tinha dois filhos.
Disse ao mais velho: "Filho, hoje você trabalhará em minha
plantação de uvas".

– O filho respondeu: "Não quero ir". Depois, mudou de
ideia e foi.

– O pai deu a mesma ordem ao outro filho, e ele assentiu:
"Sim, irei". Mas depois não foi.

– Qual deles fez o que o pai queria? – perguntou Jesus.

As autoridades religiosas do Templo responderam:

– O filho mais velho.

Então, Jesus disse-lhes:

– Afirmo a vocês esta verdade: os cobradores de impostos e as prostitutas entrarão no Reino de Deus antes de
vocês. João Batista veio para mostrar-lhes o caminho certo,
e vocês não creram nele. Mas os cobradores de impostos e
as prostitutas acreditaram. Porém, mesmo tendo visto isso,
vocês não se arrependeram.

Comentário

A crítica de Jesus à religião de seu tempo é explícita nessa
parábola. Ele fez um paralelo entre duas maneiras de praticar

os ensinamentos divinos: os que dizem "sim" a Deus, mas não cumprem a vontade dele; e os que dizem "não", aqueles que fariseus e saduceus consideram "ignorantes", relapsos na prática religiosa e, no entanto, são capazes de se arrepender e abraçar a proposta de Jesus.

Jesus chocou seus ouvintes ao frisar: "Os cobradores de impostos e as prostitutas entrarão no Reino de Deus antes de vocês". As autoridades religiosas judaicas condenavam cobradores de impostos e prostitutas como pecadores. Os primeiros por terem fama de praticar extorsões e se apropriar de parte do dinheiro recolhido. Toda a economia dependia da excessiva cobrança de tributos; por isso, à porta de cada cidade havia uma alfândega. Plínio escreveu em sua *História natural*, "a cada vez que lhe paravam, por terra ou por mar, havia de pagar impostos".

Jesus se colocou na contramão: o Reino é um projeto de Deus para essa gente desprezada e condenada pelos que agora ocupam o poder.

O modo correto de abraçar a vontade de Deus já havia sido assinalado por João Batista, que "veio para mostrar-lhes o caminho certo".

E qual o caminho ensinado pelo primo de Jesus? Basta conferir em *Lucas* 3,10-14, quando o povo, à beira do rio Jordão, lhe perguntava ao receber o batismo:

– O que devemos fazer?

Ele respondia:

– Quem tiver duas roupas, dê uma a quem não tem nenhuma, e quem tiver comida reparta com quem não tem.

Alguns cobradores de impostos também chegaram para serem batizados e perguntaram a João:

– Mestre, o que devemos fazer?

– Não cobrem mais do que a lei manda! – respondeu João.

Alguns soldados também perguntavam:

– E nós, o que devemos fazer?

E João respondia:

– Não tomem dinheiro de ninguém, nem pela força nem por meio de acusações falsas. E se contentem com o salário que recebem.

Vale observar que, diante do batismo, da adesão à proposta de João Batista, os fiéis indagavam "o que fazer", que atitude deveriam adotar em suas vidas a partir daquele momento. E as respostas de João não eram abstratas. Eram bem concretas: partilhar os bens, não praticar corrupção, não roubar ninguém, não proferir acusações falsas etc.

Como certas atitudes do tempo de Jesus são parecidas com as dos dias atuais! João advertia os soldados para agirem com ética. Todos nós sabemos que, infelizmente, em nossas corporações policiais há corruptos que embolsam dinheiro de bandidos (muitas vezes para não prendê-los) e de comerciantes obrigados a pagar "pedágio" para não serem incomodados; nas periferias, jovens sofrem revistas humilhantes e, por vezes, os policiais se apropriam do dinheiro que eles trazem no bolso; simples suspeitos são levados às delegacias e prisões, ou mesmo espancados sob falsas acusações.

Em suma, o *Evangelho* não é um catálogo de piedades, é um ensinamento ético que propõe um modo de agir condizente com os direitos humanos e a vontade de Deus.

23

O fariseu e o cobrador de impostos

(*Lucas* 18,9-14)

Jesus também contou esta parábola para os que se consideravam santos e desprezavam os outros:

– Dois homens foram ao Templo para orar. Um era fariseu; o outro, cobrador de impostos. O fariseu, de pé, orou sozinho, assim: "Ó Deus, te agradeço porque não sou avarento, nem desonesto, nem imoral como as outras pessoas. Agradeço-te também porque não sou como este cobrador de impostos. Jejuo duas vezes por semana e te dou a décima parte de tudo que ganho".

– O cobrador de impostos ficou de longe e nem sequer levantava o rosto para o céu. Batia no peito e dizia: "Ó Deus, tem pena de mim, pois sou pecador!"

Jesus concluiu:

– Afirmo a vocês que foi este homem, e não o outro, que voltou para casa em paz com Deus. Pois quem se engrandece será humilhado, e quem se humilha será engrandecido.

Comentário

Os fariseus – termo que significa "separados" – constituíam a classe média de Israel: pequenos e médios comerciantes, pequenos agricultores, artesãos. Contrários ao imperialismo romano, faziam-lhe resistência passiva. Legalistas ao extremo, empenhavam-se em cumprir rigorosamente a Lei mosaica e os preceitos da Torá. Enquanto a aristocracia sacerdotal se abrigava à sombra do Templo de Jerusalém, os fariseus tinham o controle das sinagogas, o que lhes facilitava a proximidade com o povo. Tinham fé na vinda do Messias, na ressurreição no final dos tempos e na predestinação.

Max Weber, ao analisar o judaísmo antigo, sublinha a influência da ética farisaica na economia do povo judeu, algo semelhante ao que o calvinismo, séculos mais tarde, faria em relação ao capitalismo.

Eram saduceus (de Sadoq, sumo sacerdote no tempo de Salomão) a aristocracia sacerdotal do Templo e os grandes proprietários de terras. Desprezavam o povo como ignorante, negavam a ressurreição e mantinham estreita aliança política com os romanos.

Nesta parábola, Jesus fez uma severa crítica à religião predominante em seu tempo, em especial aos fariseus, que se consideravam fiéis cumpridores da Lei de Moisés e encaravam os cobradores de impostos, conhecidos como publicanos, com supremo desprezo. Atitude que decorria, sobretudo, de dois fatores: a pressão do cobrador ou fiscal de renda sobre os endividados e a prática de corrupção, como costuma ocorrer em todos os ambientes nos quais se lida com dinheiro.

No tempo de Jesus, o sistema tributário se baseava em três modalidades de impostos: o *tributum*, imposto pessoal e também rural; o *annona*, bens materiais entregues para manter as tropas romanas aquarteladas na região; e o *publicum*, imposto direto sobre a compra e venda de todas as mercadorias, incluídas as de uso pessoal. Os fiscais encarregados de cobrar o *publicum* eram conhecidos como publicanos.

Em geral, os publicanos habitavam pequenas aldeias e traficavam dinheiro em prol do Império Romano, que ocupava a Palestina, sonegando o que deveria ser canalizado para o Templo de Jerusalém, considerado o principal banco do Império, devido ao fluxo de dinheiro proveniente de várias regiões mediterrâneas, e ao qual Roma, com frequência, solicitava empréstimos.

Jesus inverte a óptica teológica: o "piedoso" é, de fato, um arrogante que se olha no espelho da própria vaidade, enquanto o "pecador" é aquele que reconhece sua fragilidade diante de Deus e suplica por misericórdia. Este é o amigo de Deus, e não o outro, que se julga superior aos demais.

A parábola ensina ainda que não devemos nos comparar a ninguém. Toda comparação produz um destes dois efeitos: desprezo ou inveja.

Há também, na parábola, uma crítica ao nosso modo de orar. Devemos fazê-lo com humildade, seguindo o conselho de Jesus: "Não ajam como os hipócritas, que gostam de fazê-lo de pé nas sinagogas ou à vista de todos nas praças públicas, para se exibirem. [...] Retirem-se para o quarto, fechem a porta e orem a seu Pai em segredo" (*Mateus* 6,5-6).

A parábola termina com um provérbio que todos nós conferimos ao longo da vida: quem se julga muito importante acaba humilhado; e o humilde é engrandecido.

24

A figueira
(*Lucas* 13,6-9)

– Um homem tinha uma figueira na sua plantação de uvas. Ao procurar figos, não encontrou nenhum. Então disse ao servo que cuidava da vinha:

– "Olhe! Faz três anos que venho colher figos nesta figueira e não encontro nenhum. Corte-a! Por que deixá-la viva, sugando a força da terra, sem produzir nada?"

– O servo respondeu:

– "Patrão, deixe a figueira mais este ano. Vou afofar a terra em volta e colocar bastante adubo. Se no ano que vem não der frutos, então mande cortá-la".

Comentário

As terras em torno de Jerusalém eram, em geral, áridas e secas. Cultivavam-se azeitonas, para a fabricação de azeite, e frutas. Predominavam os rebanhos de cabras e ovelhas. Já a Galileia era uma região mais fértil, caracterizada por latifúndios que produziam trigo e possuíam rebanhos de cabras e ovelhas e varas de porcos. A pesca era abundante.

A figueira no meio da vinha representa, aqui, o Templo de Jerusalém e aqueles que estão acima do povo, devido ao cargo político ou religioso que ocupam. A figueira é bem mais alta do que a parreira. Ela se destaca no meio da plantação.

O dono da vinha (Deus) espera que a figueira produza frutos. No entanto, ela é estéril, apenas cansa a terra. Melhor cortá-la! Porém, o servo, na sua paciente esperança, propõe ao patrão dar mais um prazo para ver se é possível colher frutos da figueira.

Deus também espera que possamos dar frutos – nós e a Igreja. Se a Igreja não refletir a prática e a palavra de Jesus, ela é "cortada", perde a credibilidade.

O modo de adubar o nosso coração e a nossa vontade é a oração, a participação na comunidade de fé, a meditação sobre a Palavra de Deus e, sobretudo, o serviço solidário aos mais necessitados.

25

Os boias-frias

(Mateus 20,1-16)

Jesus disse:

– O Reino do Céu é como o dono de uma plantação de uvas que saiu de manhã bem cedo para contratar trabalhadores para a sua vinha. Combinou com eles o salário de costume, isto é, uma moeda de prata por dia, e mandou que fossem trabalhar.

– Às nove horas, saiu de novo, foi até a praça do mercado e viu ali alguns homens desocupados. Disse a eles: "Venham também trabalhar na minha plantação de uvas, e pagarei o que for justo".

– Eles aceitaram. Ao meio-dia e às três horas da tarde o dono da vinha fez a mesma coisa com outros trabalhadores. Eram quase cinco horas da tarde quando ele voltou à praça. Viu outros homens que ainda permaneciam ali e perguntou: "Por que passam o dia todo aqui sem trabalhar?" "Porque ninguém nos contratou" – responderam. Então, o dono da vinha propôs: "Venham também trabalhar em minha plantação".

– No fim do dia, ele disse ao administrador: "Chame os trabalhadores e faça os pagamentos, a começar pelos últimos a serem contratados, e terminando pelos primeiros".

– Os homens que começaram a trabalhar às cinco horas da tarde receberam uma moeda de prata cada um. Então os primeiros que haviam sido contratados pensaram que receberiam mais; porém, eles também receberam uma moeda de prata cada um. Pegaram o dinheiro e passaram a resmungar contra o patrão: "Estes homens que foram contratados por último trabalharam somente uma hora, mas nós suportamos o dia todo debaixo deste sol quente. No entanto, o pagamento deles foi igual ao nosso!"

– O patrão retrucou a um deles: "Escute, amigo! Não fui injusto. Você não concordou em trabalhar o dia todo por uma moeda de prata? Pegue o seu pagamento e vá embora. Pois eu quero dar a este homem, que foi contratado por último, o mesmo que dei a você. Por acaso não tenho o direito de fazer o que quero com meu próprio dinheiro? Ou você está com inveja somente porque fui bom para ele?"

Jesus encerrou:

– Os primeiros serão os últimos; os últimos serão os primeiros.

Comentário

A parábola é também uma resposta de Jesus à pergunta interesseira de Pedro:

– Veja! Deixamos tudo e seguimos o Senhor. O que vamos ganhar? (*Mateus* 19,27).

A afirmação de Jesus comprova que, naquele tempo, havia boias-frias, pessoas desocupadas que, como hoje, ficavam nas praças à espera de serem contratadas como diaristas ou para uma jornada específica de trabalho. E enfatiza que o amor gratuito de Deus não pode ser avaliado por nossos critérios humanos de merecimento e produtividade.

A parábola demonstra que Jesus tinha plena consciência da conjuntura social e econômica. Ela desmente todos que afirmam que nos evangelhos "nada há de política e economia". A narrativa espelha as relações de produção da época: o meio de produção, a vinha; a divisão em classes sociais, o desemprego; a oferta da mão de obra ou da força de trabalho; a diferença salarial; o sistema contratual.

Os latifundiários preferiam viver nas cidades e deixavam as suas propriedades aos cuidados de um administrador. Os empregados se dividiam entre diaristas e escravos. As grandes propriedades rurais eram mais comuns na Judeia do que na Galileia. Os latifundiários emprestavam dinheiro aos pequenos proprietários rurais e, assim, detinham o controle de seus bens e da comercialização de seus produtos devido ao endividamento.

Os estudiosos da Bíblia acreditam que essa parábola foi contada por Jesus à elite religiosa judaica, que adotava a teologia da "meritocracia" e desprezava os "contratados por último", aqueles que, por sua condição social e cultural, não tinham como observar a religião em seus pormenores preceituais.

São cristãos "meritocratas" aqueles que julgam que fazer a vontade de Deus é frequentar regularmente a missa ou o culto, pagar o dízimo, não cometer adultério, não roubar nem matar. No entanto, sonegam o salário de quem trabalha para eles, não se cansam de falar mal da vida alheia, carregam um coração pesado de mágoas e iras, nutrem preconceito aos homossexuais, repudiam os pobres etc.

Aqueles que eram desprezados pelas autoridades por não serem considerados suficientemente religiosos, eram amados por Jesus. "Os últimos" merecem os "primeiros lugares" no coração de Deus.

Esta parábola ensina, ainda, que ao abraçar a vontade de Deus não devemos nos comparar a outras pessoas que fazem o mesmo. Somos todos trabalhadores da mesma seara, e aquele que chegou primeiro deve se sentir solidário a quem chegou por último.

A parábola frisa que jamais podemos considerar Deus recompensador de nosso procedimento, como pensavam os fariseus. O amor de Deus é gratuito e extrapola nossos cálculos baseados em relações contratuais de trabalho. Deus não se enquadra em nossa lógica neoliberal mercantilista. Sua medida de amor é amar sem medida. A graça de Deus precede o mérito da ação humana.

Foi justo o modo de agir do patrão? Os trabalhadores que chegaram mais tarde não trabalharam, pois já não havia trabalho a fazer. E, por questão de justiça, receberam salário igual ao pago àqueles que foram os primeiros a serem contratados. Para o trabalhador que reclamou segundo a lógica do mercado, o patrão respondeu segundo a lógica da justiça. Para o mercado, importa ganhar mais e mais dinheiro, ainda que outros passem fome. Para a justiça, que cada um ganhe de acordo com sua produtividade e reconheça que os direitos da coletividade estão acima de privilégios individuais.

26

Os lavradores assassinos

(*Marcos* 12,1-12; também em *Mateus* 21,33-46
e em *Lucas* 20,9-19)

Disse Jesus:

– Um homem plantou uma vinha, cercou-a, fez um tanque para pisar a uva e construiu uma torre de vigia.

Depois arrendou a vinha para alguns agricultores e viajou para o estrangeiro.

Na época da colheita, ele mandou um empregado aos agricultores, para que recebesse a sua parte dos frutos da vinha. Mas os agricultores agarraram o empregado, bateram nele e o mandaram de volta sem nada.

Então, o dono da vinha mandou um segundo empregado. Os agricultores o agrediram e insultaram. O terceiro enviado pelo dono da vinha foi assassinado por eles. E trataram os demais do mesmo modo, espancando uns e matando outros.

O dono agora contava apenas com seu filho e o enviou aos agricultores, pois acreditava que respeitariam o rapaz.

Porém, os agricultores comentaram entre si: "Este é o herdeiro. Vamos eliminá-lo e a herança será nossa". Assim, agarraram o rapaz, o mataram e jogaram o corpo fora da vinha.

O que fará o dono da vinha? Virá, destruirá os agricultores e entregará a vinha a outros. Por acaso vocês não leram nas Escrituras?

A pedra que os construtores rejeitaram
Veio a ser a mais importante de todas.
Isso foi feito pelo Senhor
E é uma coisa maravilhosa
(Salmo 118).

Os chefes dos judeus entenderam muito bem que Jesus havia contado uma parábola contra eles e planejaram prendê-lo. Mas ficaram com medo da multidão e foram embora.

Comentário

No início da parábola, Jesus frisa que o proprietário da vinha, antes de viajar, arrendou-a a outros agricultores. Desta forma, retrata as contradições entre os latifundiários e os pequenos agricultores. Estes, na falta de terra, cultivavam em solo alheio e ficavam apenas com uma pequena parte da produção.

Esta parábola pode ter sido baseada em um fato histórico, se considerarmos que, na época de Jesus, a Galileia era uma região de permanentes conflitos. Após a revolta de Judas, o Galileu, no ano 6, a Galileia nunca mais foi pacificada. As revoltas se deviam, sobretudo, às más condições econômicas: grandes extensões de terra eram apropriadas por estrangeiros que tratavam mal seus empregados e estes, por sua vez, eram movidos a forte sentimento nacionalista, incomodados com a presença estrangeira. A parábola mostra os conflitos na Palestina ao longo dos cinquenta anos que precederam a grande rebelião do ano 66, quando foi arrasada por tropas romanas.

Nesta parábola, Jesus criticou as autoridades religiosas de seu tempo. O agricultor (Deus) fez uma plantação de uvas (Israel) e confiou-a aos lavradores (as autoridades religiosas), que a arrendaram. Os emissários (os Profetas) enviados para acertar as contas foram maltratados e até assassinados pelos arrendatários. Por fim, o dono da vinha decidiu mandar seu filho (Jesus). Os arrendatários também o mataram. Aqui Jesus predisse sua morte violenta por assassinato.

Os "chefes dos sacerdotes e fariseus", ao escutarem Jesus contar a parábola, entenderam perfeitamente o recado. Enfiaram a carapuça. Sabiam que o profeta Isaías (5,1-2) havia chamado Israel de "vinha do Senhor". E ficaram com tanto ódio que tiveram ímpetos de prender Jesus. Não o fizeram por medo do povo, que o admirava.

Deus confia a cada um de nós uma missão – a de vivermos segundo os valores encarnados por Jesus e lutarmos para que "venha a nós o vosso Reino", ou seja, que um novo projeto civilizatório, baseado no amor e na justiça, seja construído no nosso dia a dia. Esta é a "vinha" que nos foi confiada.

Porém, corremos o risco de, à semelhança dos agricultores assassinos, deixar de produzir os frutos que Deus quer, presos aos nossos interesses egoístas e às nossas ambições mesquinhas.

Os encarregados da vinha não souberam fazê-la produzir frutos. Agora a vinha está confiada a nós. Há que cuidá-la, cultivá-la e prestar contas.

PARÁBOLAS DE TOLERÂNCIA RELIGIOSA

27

O bom samaritano

(Lucas 10,25-37)

Um doutor da Lei se levantou e, querendo encontrar alguma prova contra Jesus, perguntou:

– Mestre, o que devo fazer para ganhar a vida eterna?

Jesus respondeu:

– O que consta nas Escrituras Sagradas a respeito disso? Como você entende o que elas dizem?

O teólogo judeu respondeu:

– Ame o Senhor seu Deus com todo o seu coração, com toda a sua alma, com todas as suas forças e com toda a sua mente. E ame o seu próximo como ama a si mesmo.

– Sua resposta está correta! – disse Jesus. – Faça isso e viverá.

Porém, o doutor da Lei, querendo se desculpar, perguntou:

– Mas quem é o meu próximo?

Jesus assim respondeu:

– Um homem descia de Jerusalém para Jericó. No caminho, ladrões o assaltaram, tiraram a sua roupa, bateram nele e o deixaram quase morto. Um sacerdote descia por aquele mesmo caminho. Ao avistar o homem, tratou de passar pelo outro lado da estrada. Também um levita passou por ali. Olhou e foi embora pelo outro lado da estrada. Mas um samaritano que viajava por aquele caminho, ao ver o homem, ficou com muita pena dele. Aproximou-se, limpou-lhe as feridas com azeite e vinho e, em seguida, o enfaixou. Depois o colocou em sua própria montaria e o levou para uma pousada, onde cuidou dele. No dia seguinte, entregou duas moedas de prata ao dono da pensão e disse:

– Tome conta dele. Quando eu passar por aqui na volta, pagarei o que você gastar a mais com ele.

Então Jesus perguntou ao doutor da Lei:

– Em sua opinião, qual desses três foi o próximo do homem assaltado?

– Aquele que o socorreu – respondeu o teólogo.

Jesus concluiu:

– Pois vá e faça a mesma coisa.

Comentário

Apenas Lucas descreve essa parábola. Um doutor da Lei, ou seja, um teólogo, perguntou a Jesus: "Mestre, o que devo fazer para ganhar a vida eterna?"

Nos quatro evangelhos, jamais esta pergunta aparece na boca de um pobre. Estes pediam a Jesus *vida nesta vida*: a cura da mão seca, da cegueira, da enfermidade do servo do centurião e da hemorragia de uma mulher. Somente os ricos perguntaram a Jesus: "O que devo fazer para ganhar a vida eterna?", como fizeram Nicodemos e Zaqueu. É como se já tendo assegurada a vida neste mundo, quisessem investir na poupança celestial...

Jesus, segundo Lucas, não gostou da pergunta. Viu nela objetivo interesseiro. Por isso, devolveu-a ao doutor da Lei: "O que consta nas Escrituras Sagradas a respeito disso? Como você entende?"

O teólogo deu uma resposta típica da academia, de quem absorveu conceitos doutrinários sem ressonância na vida: "Ame o Senhor seu Deus com todo o seu coração, com toda a sua alma, com todas as suas forças e com toda a sua mente. E ame o seu próximo como ama a si mesmo".

O doutor pisou no laço que ele mesmo armara. Jesus concluiu, laconicamente, que se ele fosse capaz de amar com toda essa intensidade, então obteria a vida eterna.

Ao se dar conta de que caíra na própria armadilha, o teólogo quis se desculpar e indagou: "Quem é o meu próximo?" Esta pergunta era tema de intenso debate no tempo de Jesus, assim como hoje há tanta polêmica em relação à "opção pelos pobres".

A resposta de Jesus tem uma qualidade radicalmente diferente da que foi dada pelo doutor da Lei. Não é conceitual, é alegórica; não é doutrinária, é metafórica. Não é de quem apenas crê; é de quem vive, pratica a vontade de Deus centrada no amor ao próximo, principalmente ao excluído. A resposta que o doutor da Lei ouve da boca de Jesus é uma forte crítica a algo tão comum e nocivo nas religiões: o legalismo e a intolerância em relação às demais religiões. Fica-se com o preceito em detrimento do próximo.

O doutor da Lei deu a entender que não sabia quem era o seu próximo, mas não tinha dúvidas quanto a quem ele deveria manter distância: daqueles que professavam outras religiões ou outra versão do judaísmo, como os samaritanos; dos "impuros" (feridos, mortos, açougueiros, pastores etc.); dos pecadores (prostitutas, cobradores de impostos etc.).

Jesus contou um *causo*: "Um homem descia de Jerusalém para Jericó". Talvez um fato histórico ocorrido na estrada de 27 quilômetros que une as duas cidades.

Antes de entrar no significado da parábola, convém observar alguns aspectos: Jerusalém tinha, habitualmente, cerca de 20 mil habitantes. Nas festas judaicas, devido ao número de peregrinos, a população se multiplicava por quatro ou cinco. No Templo corria muito dinheiro, em distintas moedas, trocadas em mesas de cambistas. Em torno do Templo havia intenso comércio, principalmente de animais e frutas comprados pelos peregrinos para oferecê-los em sacrifícios. A rica casta sacerdotal que controlava a atividade mercantil do Templo vendia os animais destinados ao sacrifício e, em seguida, os recebia como oferendas... Assim, o tesouro do Templo de Jerusalém era, de fato, o tesouro do Estado e, por conseguinte, canalizador de recursos para o Império Romano. Apenas a Judeia entregava, por ano, 600 talentos a Roma, o que equivalia a 6 milhões de denários. Para se ter uma ideia desse montante, basta lembrar que 1 denário de prata, moeda romana que trazia gravada a imagem de César, era o que se pagava por um dia de trabalho agrícola, que equivalia a 12 horas.

Como não existiam cheques e cartões de crédito, os comerciantes retornavam de Jerusalém com dinheiro vivo. E os ladrões ficavam à espreita nas estradas.

O doutor da Lei era um judeu e, como tal, odiava os samaritanos. A distância que separava um teólogo judeu de um samaritano era inversamente proporcional à proximidade que o teólogo tinha com os sacerdotes e os levitas do Templo.

Jesus descreve na parábola a atitude de três homens – o sacerdote, o levita e o samaritano – diante daquele que, assaltado e espancado, ficara estirado à beira da estrada. Tais exemplos devem ter criado um grande constrangimento ao doutor da Lei. Em sua fina ironia, Jesus frisa que os religiosos – o sacerdote e o levita – passaram indiferentes junto à vítima espoliada. Agarrados às suas convicções religiosas discriminatórias, ignoraram o pobre homem caído à beira da estrada. Até porque, segundo os preceitos judaicos, tocar em feridos ou cadáveres era incorrer em impureza legal. Além do mais, se ficassem impedidos de servir no Templo, não teriam como ganhar dinheiro. Portanto, preferiram se preservar em sua "pureza legal" do que praticar a caridade ou a solidariedade. Ficaram com a Lei e com o interesse pecuniário, e não com a justiça. O bolso pesou mais do que a vida alheia.

Jesus poderia ter citado, como exemplo de amor, um simples homem piedoso. No entanto, citou um samaritano! Aos olhos do doutor da Lei, isso era intolerável, pois tinha o samaritano na conta de um ser desprezível por ser estrangeiro, herege e, talvez, idólatra.

O samaritano alterou sua rota para cuidar de uma pessoa que nem conhecia, aplicou-lhe nas feridas "azeite e vinho" (receita de Hipócrates, pai da medicina), e ainda gastou com ela o seu dinheiro. Ao todo foram oito gestos de amor: 1) aproximou-se do homem caído à beira da estrada; 2) não lhe indagou a crença religiosa, a condição social ou a opção política; 3) limpou-lhe as feridas; 4) pôs azeite e vinho nos ferimentos; 5) enfaixou-os; 6) colocou o homem em sua montaria; 7) hospedou-o na pousada; 8) pagou todas as despesas.

Para escândalo do teólogo, quem acudiu a vítima foi um samaritano. Embora considerado, por quem fez a pergunta, um pecador, um ímpio, o samaritano foi quem realizou a vontade de Deus e, portanto, estava apto a ganhar a vida eterna. O doutor da Lei foi obrigado a admitir sua intolerância impregnada de preconceitos.

Ao final, Jesus devolveu-lhe a pergunta: "Em sua opinião, qual desses três foi o próximo do homem assaltado?" O teólogo não disse "o samaritano", pois isso implicaria cometer um pecado de impureza da língua... Respondeu: "Aquele que o socorreu". Foi induzido, pela pedagogia de Jesus, a reconhecer como santo aquele que ele considerava pecador.

Esta é, por excelência, a parábola da solidariedade e da tolerância religiosa. Jesus frisa que solidário não é apenas aquele que socorre quem encontra em seu caminho. E sim quem é capaz de alterar o próprio caminho para se colocar no caminho do outro, do necessitado, do excluído. Socialmente, a vítima caída na estrada era, para o samaritano, um anônimo. Teologicamente, uma pessoa criada "à imagem e semelhança de Deus".

Ao viajar de carro, com frequência encontramos placas que avisam: "Proibido converter à direita". Converter vem do latim *convertere* e significa "virar", "fazer a volta". O samaritano converteu o seu rumo, mudou-o em função da vítima. Portanto, a conversão, no sentido religioso, não se restringe a abraçar uma fé ou doutrina e ter sentimentos piedosos. É muito mais do que isso. É mudar a própria rota de vida em função de todos aqueles que estão caídos "à beira da estrada", essa grande parcela da humanidade injustamente espoliada, maltratada, oprimida.

A teóloga e pastora Magali do Nascimento Cunha publicou no jornal *O Globo* (16/04/2015) esta interessante análise da *Parábola do bom samaritano*, cujos trechos reproduzo abaixo:

> *Esta história vem sendo explanada por líderes cristãos como um relato da importância da caridade, de se fazer o bem para quem está em necessidade. "Samaritano" é até o nome de obras religiosas de assistência, tamanho o destaque da parábola e seu símbolo. No entanto, esta leitura esvazia muito a força da narrativa de Jesus de Nazaré.*
> *Ela tem duas fortes mensagens: a intole-*

rância é superada em nome da dignidade da vida, e quando trazemos para dentro de nós o sofrimento do outro somos impelidos a ele. E temos um esvaziamento no título "O bom samaritano". Claro, ele foi bom! Mas a história de Jesus diz muito mais do que isto: o samaritano foi transgressor, subversivo. Socorreu o seu inimigo. Não se vingou dele, deixando-o caído. Foi bom porque rompeu com a convenção que promovia a intolerância entre os dois grupos; subverteu-a, porque entendeu que a vida e a dignidade estão acima de tudo isto.

Outro esvaziamento está no uso da palavra "compaixão" ou "pena". No texto original, em grego, o termo é efsplahnízome, que possui um sentido muito mais denso do que "pena" em português. Esta palavra significa "sentir nas entranhas/vísceras". Ou seja, o samaritano viu o homem agredido e sentiu nas entranhas o sofrimento dele. Por isso rompeu com a lógica da intolerância em nome da vida! E a ironia é que, antes de o samaritano socorrer o judeu, dois religiosos haviam desprezado a dor do seu igual. Passaram ao largo. Ignoraram. Não foram impelidos a nada. A crítica de Jesus é aguda. Se há alguém a imitar, não são os religiosos preocupados com a lei, o templo, o culto, a música, mas sim quem rompe barreiras em nome da vida, da solidariedade e da dignidade.

Como não recordar esta história quando vivemos no país processos em que a religião tem servido para sustentar a indiferença com o sofrimento do outro e para incentivar a intolerância que resulta em

*vingança contra inimigos? Como não
lembrar esta parábola quando adolescentes
envolvidos com o crime são decretados inimigos da sociedade, e religiosos, como o sacerdote e o levita da beira da estrada, passam ao largo da realidade desses próximos
de hoje? Quando parlamentares chamados
cristãos apoiam e celebram a vingança com
a possível aprovação da redução da maio-
ridade penal, que contribui com mais des-
truição de vidas já em ruínas?*

*A crítica de Jesus permanece viva. Quem
conta para o Senhor da Vida é quem tem
"compaixão". Não a pena que leva a atos
de caridade que se extinguem neles mesmos. Mas quem sente nas entranhas o
problema do outro e é impelido a socorrê-
-lo, não a destruí-lo.*

28

As crianças brincando na praça

(*Mateus* 11,16-19; também em *Lucas* 7,31-35)

– A quem haverei de comparar esta geração? Parecem
crianças sentadas nas praças, que gritam a seus companheiros:
"Tocamos flauta, e vocês não dançam; cantamos lamentações,
e vocês não choram".

– Ora, quando veio João Batista, que não bebia e jejuava,
disseram dele: "Está possesso do demônio". O Filho do Ho-

mem vem, come e bebe, e dizem: "É um comilão e beberrão, amigo dos publicanos e dos devassos".

Comentário

Jesus criticou a religião predominante em sua época. Criticou, sobretudo, a intolerância religiosa, essa arrogância que induz uma pessoa a acreditar que somente a sua religião é a verdadeira, e as demais são falsas, idólatras, e devem ser firmemente combatidas.

A religião proferida no Templo de Jerusalém pregava o que não era praticado. E nutria profundo preconceito por quem não seguia a mesma cartilha. Por isso, Jesus comparou as lideranças religiosas a crianças egocêntricas, que "ficam de mal" com quem não dança conforme a sua música... E nutrem ódio por quem "dança" em ritmo diferente, como João Batista e Jesus, diante dos quais as autoridades religiosas mantiveram uma atitude desprezível e até mesmo hostil.

Isso acontece hoje com o fenômeno chamado "fundamentalismo religioso". É quando considero a minha religião a única admissível, tento forçar os outros a aceitá-la e repudio todas as demais. Esqueço que uma religião não tem valor pela crença que prega, e sim pela atitude que gera em seus fiéis. Religião que não induz seus adeptos ao amor, à compaixão, à tolerância, à luta contra a injustiça merece ser lançada ao fogo...

É sempre bom relembrar que Deus não tem religião. Ora, se "Deus é amor" (*Primeira Carta de João* 4,8), quem não ama desconhece Deus, ainda que creia em um ser criado à sua imagem e semelhança egoísta e pretensiosa...

João Batista foi considerado endemoniado porque era asceta, comedido na comida e na bebida. Já Jesus, que com frequência aparece nos evangelhos à mesa de refeições, era chamado de "comilão e beberrão", que andava em más companhias... Ou seja, é típico do farisaísmo julgar uma pessoa pelas aparências, e não pelo rumo que imprimiu à sua vida e pelos frutos de amor e justiça que produz. Faça jejum ou desfrute de uma boa comida, o fariseu sempre haverá de acusar aquela pessoa. O preconceito o torna cego diante das atitudes do próximo.

A parábola encerra um importante ensinamento: não dar ouvidos a comentários alheios. Devemos proceder de modo a agradar a Deus e fazer o bem ao próximo, e não para colher elogios. E ter a certeza de que jamais agradaremos a todos. Sempre haverá quem nos critique e repudie.

Se o próprio Jesus foi "sinal de contradição" (*Lucas* 2,34), como profetizou Simeão, por que nos incomodar com incompreensões e acusações infundadas?

Mas há pessoas que se incomodam. Sentem-se ofendidas quando alguém, injustamente, fala mal delas. E o pior: tentam se defender e se justificar. Como se o inimigo lhes desse ouvidos... Isso é o mesmo que carregar o burro!

Conto a parábola do frade, do sacristão e do burro:

> Um dia, a caminho da igreja, o frade atravessou a aldeia montado no burro puxado pelo sacristão. O povo soltou a língua: "Que absurdo! O frade folgado vai montado e o pobre do sacristão a pé, puxando o burro".
>
> O frade decidiu inverter. Dia seguinte passou puxando o burro e o sacristão montado. "Que absurdo, lá vai o frade, homem de Deus, a pé puxando o burro, e o folgado do sacristão montado!"
>
> No terceiro dia, passaram os dois montados no burro. "Coitado desse animal, como

pode suportar o peso desses dois que vão montados?"

No quarto dia, os dois passaram puxando o burro. "Mas essa gente é muito burra! Um animal desse bom de montar, e o frade e o sacristão a pé!"

Por dar ouvidos à falação, no outro dia os dois passaram carregando o burro...

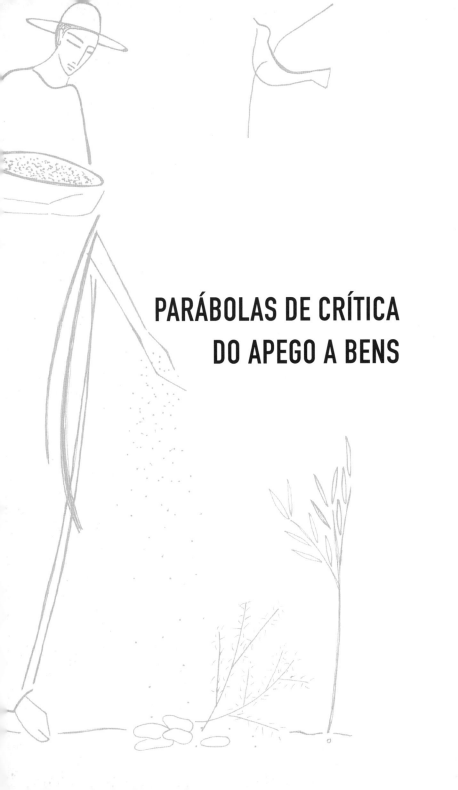

PARÁBOLAS DE CRÍTICA DO APEGO A BENS

29

O rico insensato

(*Lucas* 12,16-21)

– As terras de um homem rico deram uma grande colheita. Ele então pensou: "Não disponho de lugar para guardar toda essa colheita. O que farei? Ah, já sei – disse para si mesmo –, derrubarei os meus depósitos de cereais e construirei outros maiores ainda. Neles guardarei as minhas colheitas junto com tudo o que possuo. Então direi a mim mesmo: 'Homem feliz! Você dispõe de tudo de bom e necessário para muitos anos. Agora relaxe, coma, beba e alegre-se'".

– Mas Deus lhe disse: "Seu tolo! Esta noite você morrerá, e quem ficará com tudo que você guardou?"

Jesus concluiu:

– Isso ocorre com quem junta riquezas para si mesmo, mas não é rico para Deus.

Comentário

Jesus quis enfatizar a falsa segurança das riquezas acumuladas. Ninguém, ao morrer, leva bens deste mundo, exceto suas virtudes e gestos de solidariedade e amor.

A parábola comprova que no tempo de Jesus já havia desigualdade social, ricos que acumulavam fortunas na expectativa de levar uma vida de prazeres, indiferentes à sorte dos mais pobres.

A parábola é um alerta e, ao mesmo tempo, uma crítica a quem se apega demasiadamente aos seus bens e ao seu dinheiro, sem nenhuma sensibilidade para com aqueles que vivem marginalizados e excluídos. Comprova-se aqui, mais uma vez, como Jesus era crítico à diferença de classe social e, sobretudo, aos que tinham fortuna e só pensavam em si próprios.

30

O rico e o pobre Lázaro
(*Lucas* 16,19-31)

– Havia um homem rico que vestia roupas muito caras e todos os dias dava uma grande festa. Havia também um pobre homem, chamado Lázaro, que tinha o corpo coberto de feridas e costumava fazer ponto perto da casa do rico. Ali Lázaro procurava matar a fome com as migalhas que sobravam da mesa do rico. E até os cães vinham lamber suas feridas.

– O pobre morreu e foi levado pelos anjos para junto de Abraão, na festa do céu. O rico também morreu e foi sepultado. No mundo dos mortos, ele sofria muito. Ao olhar para cima, viu Abraão e, ao lado dele, Lázaro. Então gritou: "Pai Abraão, tenha pena de mim! Mande que Lázaro molhe o dedo na água e venha refrescar a minha língua, porque sofro muito neste fogo".

– Mas Abraão respondeu: "Meu filho, lembre que você recebeu em vida todas as coisas boas, e Lázaro só recebeu o que era ruim. Agora, ele é feliz aqui, enquanto você sofre. Além disso, há um grande abismo entre nós; os que querem atravessar daqui até vocês não podem, como também os daí não podem passar para cá".

– O rico disse: "Nesse caso, pai Abraão, peço que mande Lázaro até a casa do meu pai, pois tenho cinco irmãos. Deixe que ele vá e os previna, para que não venham também para este lugar de sofrimento".

– Contudo, Abraão respondeu: "Os seus irmãos têm a Lei de Moisés e os livros dos Profetas para preveni-los. Que eles os escutem!"

– "Só isso não basta, pai Abraão!" – suplicou o rico. "Porém, se alguém ressuscitar e for falar com eles, aí se arrependerão de seus pecados."

– Mas Abraão concluiu: "Se não escutam Moisés e os Profetas, não crerão, ainda que alguém ressuscite".

Comentário

Curioso nessa parábola é que apenas o pobre tem nome... Jesus, mais uma vez, expôs sua visão crítica da sociedade em que vivia, dividida entre ricos e pobres. E tomou partido claramente ao lado de Lázaro, manifestando sua condenação ao rico indiferente à desumanização de seu semelhante empobrecido.

Lázaro representa todos os pobres que perderam sua dignidade a ponto de viverem de esmolas (migalhas que caem da mesa alheia) e serem lambidos pelos cães. O rico simboliza aqueles que não têm olhos para os direitos alheios, as necessidades dos próximos, e colocam seus luxos (roupas caras, bens luxuosos, banquetes etc.) acima da solidariedade às vítimas da injusta estrutura social.

Jesus enfatiza que, no fim das contas, a situação haverá de se inverter: os pobres alcançarão plena dignidade e os abastados sofrerão muito por não terem se aberto à solidariedade, à justiça social e à partilha dos bens da Terra e dos frutos do trabalho humano.

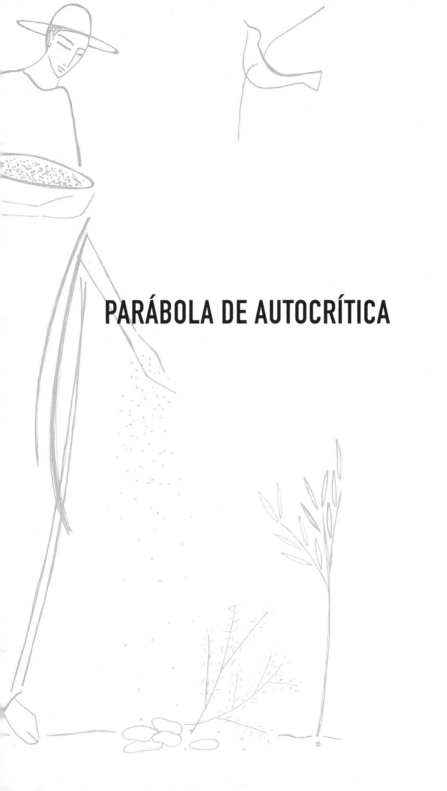

PARÁBOLA DE AUTOCRÍTICA

31

O cálculo

(*Lucas* 14,28-33)

– Se um de vocês quer construir uma torre, primeiro sente e calcule o custo, para ver se o dinheiro dá. Se não fizer isso, conseguirá colocar os alicerces, mas não terminar a construção. Aí todos que virem o que aconteceu vão caçoar, dizendo: "Este homem começou a construir, mas não pôde terminar!"

– Se um rei que tem dez mil soldados parte para combater outro que vem contra ele com vinte mil, primeiro verifica se está bastante forte para enfrentar o inimigo. Se não fizer isso, acabará precisando enviar mensageiros para propor um acordo de paz.

Comentário

Para abraçar a proposta de Jesus, cada pessoa precisa avaliar bem sua disposição de aceitá-la. Muitas começam com entusiasmo e, depois, desanimam, retrocedem, se deixam cooptar pelas seduções do consumismo e do hedonismo. E acabam fazendo um "acordo de paz" com o inimigo...

Portanto, a ruptura com o individualismo e o egocentrismo tem de ser radical. "Deixar tudo o que tem", afirmou Jesus. Caso contrário, caímos na contradição de fazer um discurso que não corresponde à prática.

Daí a importância de mudar o esquema simbólico que prevalece em nossa cabeça. Em geral, acrítico, superficial, suscetível a desânimos.

Ser militante do Reino é avaliar nossos recursos, de modo a enfrentar, sem retrocesso, as dificuldades de construção "da torre" e de "enfrentar o inimigo".

Construir o Reino é enfrentar as forças do mal – a injustiça, a opressão, o legalismo etc. Por isso, Jesus enfatizou a importância de analisar muito bem a conjuntura antes de começar a agir. A análise social nos ajuda a ter lucidez quanto ao caminho a percorrer e o modo de fazê-lo para construir o mundo de justiça e paz.

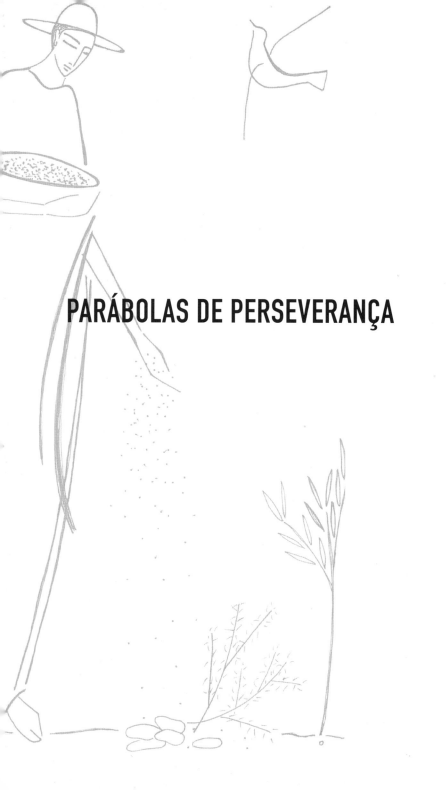

PARÁBOLAS DE PERSEVERANÇA

32

O juiz e a viúva

(*Lucas* 18,1-8)

Jesus contou a seguinte parábola para mostrar aos discípulos que deveriam orar sempre e nunca desanimar:

– Em certa cidade, havia um juiz que não temia a Deus nem respeitava ninguém. Ali morava uma viúva que sempre o procurava para pedir justiça, dizendo: "Ajude-me e julgue o meu caso contra o meu adversário!"

– Durante muito tempo o juiz não quis julgar o caso da viúva, mas afinal refletiu: "É verdade que não temo a Deus e também não respeito ninguém. Porém, como esta viúva continua me aborrecendo, darei a sentença a favor dela. Se eu não fizer isso, ela não vai parar de me chatear até acabar comigo".

E Jesus concluiu:

– Prestem atenção no que disse o juiz desonesto. Será, então, que Deus não fará justiça a seu próprio povo, que grita por socorro noite e dia? Será que Ele demorará a socorrê-lo? Afirmo a vocês que Ele julgará a favor de seu povo e fará isso bem depressa. Mas quando o Filho do Homem vier, encontrará fé na Terra?

Comentário

Juízes do tempo de Jesus não diferiam muito de alguns juízes de hoje. Em especial quando se tratava de pobres. Os processos dormiam nas gavetas, eram protelados e, quando julgados, não raro davam razão aos ricos e poderosos.

Jesus destacou, nessa parábola, dois aspectos importantes: os pobres devem pressionar os grandes, como fez a viúva. Água mole em pedra dura... O outro aspecto é ressaltar que Deus, Juiz Supremo, ouve os clamores dos pequenos e os atende em sua misericórdia. Mas, para isso, é preciso confiar nele, manter a fé acesa sobre a Terra e aprofundar a vida de oração.

33

O amigo inoportuno
(*Lucas* 11,5-8)

– Imaginem um de vocês ir à casa de um amigo à meia-noite e dizer a ele: "Amigo, me dê três pães. Um amigo meu acaba de chegar de viagem e não tenho nada a oferecer".

– E imaginem que o amigo responda lá de dentro: "Não me incomode! A porta está trancada, e eu e meus filhos já estamos deitados".

Jesus concluiu:

– Afirmo a vocês que pode ser que ele não se levante por se tratar de um amigo, mas certamente se levantará por causa da insistência, e dará o que foi solicitado.

Comentário

Nessa parábola não têm nenhuma importância certos detalhes, como o fato de a família já estar na cama. É óbvio que acolher de madrugada um amigo que chega de viagem e se preocupar em lhe oferecer algo para comer é uma lição de hospitalidade. Mas isso é secundário na parábola.

O que Jesus quis enfatizar é que Deus atende à súplica de seus filhos e filhas.

Epílogo

Como se viu, tomei a liberdade de dividir as parábolas por propósitos que elas encerram: coerência nas convicções, esperança, fidelidade, opção prioritária, compaixão, crítica à religião, crítica ao apego aos bens, autocrítica e perseverança.

As parábolas nos propõem, portanto, um conjunto de valores essenciais à vida de cada um de nós, não apenas aos cristãos, mas a todas as pessoas de boa vontade. Valores que devem impregnar todos os que se empenham em construir uma sociedade alternativa, na qual o predomínio seja a solidariedade, a cooperação, a igualdade de direitos e oportunidades, a preservação ambiental, e não a degradação da natureza, o poder do dinheiro, a competitividade e o individualismo.

A essa sociedade alternativa Jesus denominou *Reino de Deus*. Deus como soberano. Não como uma abstração de nossa mente. Mas reconhecido em "sua imagem e semelhança" – o próximo.

Deus tal e qual nos foi revelado e espelhado por Jesus.

O que se espera de cada um de nós não é, prioritariamente, uma atitude de fé, e sim de amor. Ser capaz de abraçar os valores realçados pelas parábolas, que são valores humanos, sementes "de mostarda". Lançadas por nossa maneira de agir e pensar na sociedade na qual vivemos, haverão de germinar e resultar em árvores frondosas.

Essa é a esperança que deve nos guiar ao vivenciar os valores contidos e propostos nas parábolas.

Fontes consultadas

BAILEY, K. *As parábolas de Lucas*. São Paulo: Vida Nova, 1995.

Bíblia de estudo NTLH [Nova tradução na linguagem de hoje]. Barueri: Sociedade Bíblica do Brasil, 2000.

BORNKAMM, G. *Jesus de Nazaré*. Petrópolis: Vozes, 1976.

CERFAUX, L. *O tesouro das parábolas*. São Paulo: Paulinas, 1973.

DE LA TORRE GUERRERO, G.M. As parábolas como expressão simbólica de libertação. In: *Ribla*, 9, 1991, p. 99-118. Petrópolis: Vozes.

DODD, C.H. *Les paraboles du royaume de Dieu*. Paris: Du Seuil, 1977.

DUPONT, J. *O método das parábolas de Jesus hoje*. São Paulo, Paulinas, 1985.

_____. *Por que parábolas?* – O método parabólico de Jesus. Petrópolis: Vozes, 1980.

GORGULHO, G. & ANDERSON, A.F. *Parábolas:* a palavra que liberta. 2. ed. São Paulo: Cepe, 1992.

HOUTART, F. *Palestina del siglo primero y el actor sócio-religioso: Jesús* – Ensayo sociológico. 13. ed. Quito: Fundación Pueblo Indio/Instituto de Altos Estudios Nacionales, 2014.

JEREMIAS, J. *Teologia do Novo Testamento*. São Paulo: Paulinas, 1986.

_____. *As parábolas de Jesus*. São Paulo: Paulinas, 1976.

_____. *Les paroles inconnues de Jésus*. Paris: Du Cerf, 1970.

MESTERS, C. *Deus, onde estás?* 17. ed. Petrópolis, Vozes, 2014.

_____. *Caminhando com Jesus* – Círculos Bíblicos do Evangelho de Marcos. São Leopoldo: Cebi, 2003.

OLLIVIER, R.M.-J. *Les paraboles* – Étude sur la physionomie intellectuelle de Notre-Seigneur Jésus-Christ. Paris: P. Lethielleux, 1908.

PAGOLA, J.A. *Jesus:* uma abordagem histórica. Coimbra: Gráfica de Coimbra, 2008.

VASCONCELOS, P.L. et al. Parábolas. In: *Estudos Bíblicos*, 92, 2006/4. Petrópolis: Vozes.

WEBER, M. *Ancient Judaism*. Glencoe: The Free Press, 1952.

WINTERS, A. et al. Opressão e libertação. In: *Ribla*, [s.d.]. Petrópolis: Vozes.

ZAMAGNA, D. *As parábolas e a educação popular*. Petrópolis, Estudos Bíblicos n. 2, 1984.

Obras do autor

OBRAS DE FREI BETTO

Edições nacionais

1 – *Cartas da prisão* – 1969-1973. Rio de Janeiro: Agir, 2008 [Essas cartas foram publicadas anteriormente em duas obras: *Cartas da prisão* e *Das catacumbas*. Rio de Janeiro: Civilização Brasileira. *Cartas da prisão*, editada em 1974, teve a 6ª edição lançada em 1976. Nova edição: São Paulo: Companhia das Letras, 2017].

2 – *Das catacumbas*. Rio de Janeiro: Civilização Brasileira, 1976 [3ª ed., 1985]. – Obra esgotada.

3 – *Oração na ação*. Rio de Janeiro: Civilização Brasileira, 1977 [3ª ed., 1979]. – Obra esgotada.

4 – *Natal, a ameaça de um menino pobre*. Petrópolis: Vozes, 1978. – Obra esgotada.

5 – *A semente e o fruto* – Igreja e comunidade. Petrópolis: Vozes [3ª ed., 1981]. – Obra esgotada.

6 – *Diário de Puebla*. Rio de Janeiro: Civilização Brasileira, 1979 [2ª ed., 1979]. – Obra esgotada.

7 – *A vida suspeita do subversivo Raul Parelo* [contos]. Rio de Janeiro: Civilização Brasileira, 1979 (esgotada). Reeditada sob o título de *O aquário negro*. Rio de Janeiro: Difel, 1986. Nova edição do Círculo do Livro, 1990. Em 2009, foi lançada pela Agir nova edição revista e ampliada. Rio de Janeiro. – Obra esgotada.

8 – *Puebla para o povo*. Petrópolis: Vozes, 1979 [4ª ed. 1981].
– Obra esgotada.

9 – *Nicarágua livre, o primeiro passo*. Rio de Janeiro: Civilização
Brasileira, 1980. Dez mil exemplares editados em Jornalivro.
São Bernardo do Campo: ABCD-Sociedade Cultural, 1981. –
Obra esgotada.

10 – *O que é Comunidade Eclesial de Base*. São Paulo: Brasiliense [5ª ed., 1985]. Coedição Abril (São Paulo, 1985) para
bancas de revistas e jornais. – Obra esgotada.

11 – *O fermento na massa*. Petrópolis: Vozes, 1981. – Obra
esgotada.

12 – *CEBs, rumo à nova sociedade*. São Paulo: Paulinas [2ª
ed., 1983]. – Obra esgotada.

13 – *Fogãozinho, culinária em histórias infantis* [com receitas de
Maria Stella Libânio Christo]. Rio de Janeiro: Nova Fronteira,
1984 [3ª ed., 1985]. Nova edição da Mercuryo Jovem, São Paulo, 2002 [7ª ed.].

14 – *Fidel e a religião, conversas com Frei Betto*. São Paulo:
Brasiliense, 1985 [23ª ed., 1987]. São Paulo: Círculo do
Livro, 1989 (esgotada). 3ª edição, ampliada e ilustrada com
fotos. São Paulo: Fontanar, 2016.

15 – *Batismo de sangue* – Os dominicanos e a morte de Carlos
Marighella. Rio de Janeiro: Civilização Brasileira, 1982 [7ª
ed., 1985]. Reeditado pela Bertrand do Brasil (Rio de Janeiro,
1987) [10ª ed., 1991]. São Paulo: Círculo do Livro, 1982.
Em 2000 foi lançada a 11ª ed., revista e ampliada – *Batismo
de sangue* – A luta clandestina contra a ditadura militar – Dos-
siês Carlos Marighella e Frei Tito –, pela Casa Amarela, São

Paulo. Em 2006 e foi lançada a 14ª ed., revista e ampliada, pela Rocco.

16 – *OSPB* – Introdução à política brasileira. São Paulo: Ática, 1985 [18ª ed., 1993]. – Obra esgotada.

17 – *O dia de Angelo* [romance]. São Paulo: Brasiliense, 1987 [3ª ed., 1987]. São Paulo: Círculo do Livro, 1990. – Obra esgotada.

18 – *Cristianismo & marxismo*. Petrópolis: Vozes [3ª ed., 1988]. – Obra esgotada.

19 – *A proposta de Jesus* – Catecismo popular, vol. I. São Paulo: Ática, 1989 [3ª ed., 1991]. – Obra esgotada.

20 – *A comunidade de fé* – Catecismo popular, vol. II. São Paulo: Ática, 1989 [3ª ed., 1991]. – Obra esgotada.

21 – *Militantes do reino* – Catecismo popular, vol. III. São Paulo: Ática, 1990 [3ª ed., 1991]. – Obra esgotada.

22 – *Viver em comunhão de amor* – Catecismo popular, vol. IV. São Paulo: Ática, 1990 [3ª ed., 1991]. – Obra esgotada.

23 – *Catecismo popular* [versão condensada]. São Paulo: Ática, 1992 [2ª ed., 1994]. – Obra esgotada.

24 – *Lula* – Biografia política de um operário. São Paulo: Estação Liberdade, 1989 [8ª ed., 1989]. • *Lula* – Um operário na Presidência. São Paulo: Casa Amarela, 2003 – Edição revista e atualizada.

25 – *A menina e o elefante* [infantojuvenil]. São Paulo: FTD, 1990 [6ª ed., 1992]. Em 2003, foi lançada nova edição revista pela Editora Mercuryo Jovem, São Paulo [3ª ed.].

26 – *Fome de pão e de beleza*. São Paulo: Siciliano, 1990. – Obra esgotada.

27 – *Uala, o amor* [infantojuvenil]. São Paulo: FTD, 1991 [12ª ed., 2009]. Nova edição, 2016.

28 – *Sinfonia universal* – A cosmovisão de Teilhard de Chardin. São Paulo: Ática, 1997 [5ª ed. revista e ampliada]. A 1ª edição foi editada pelas Letras & Letras, São Paulo, 1992 [3ª ed. 1999]. Petrópolis: Vozes, 2011.

29 – *Alucinado som de tuba* [romance]. São Paulo: Ática, 1993 [20ª ed., 2000].

30 – *Por que eleger Lula presidente da República* [Cartilha popular]. São Bernardo do Campo: FG, 1994. – Obra esgotada.

31 – *O paraíso perdido* – Nos bastidores do socialismo. São Paulo: Geração, 1993 [2ª ed., 1993]. Na edição atualizada, ganhou o título *O paraíso perdido* – Viagens ao mundo socialista. Rio de Janeiro: Rocco, 2015.

32 – *Cotidiano & mistério*. São Paulo: Olho d'Água, 1996 [2ª ed. 2003]. – Obra esgotada.

33 – *A obra do Artista* – Uma visão holística do universo. São Paulo: Ática, 1995 [7ª ed., 2008]. Rio de Janeiro: José Olympio, 2011.

34 – *Comer como um frade* – Divinas receitas para quem sabe por que temos um céu na boca. Rio de Janeiro: Francisco Alves, 1996 [2ª ed., 1997]. Rio de Janeiro: José Olympio, 2003.

35 – *O vencedor* [romance]. São Paulo: Ática, 1996 [15ª ed., 2000].

36 – *Entre todos os homens* [romance]. São Paulo: Ática, 1997 [8ª ed., 2008]. Na edição atualizada, ganhou o título *Um homem chamado Jesus*. Rio de Janeiro: Rocco, 2009.

37 – *Talita abre a porta dos evangelhos*. São Paulo: Moderna, 1998. – Obra esgotada.

38 – *A noite em que Jesus nasceu*. Petrópolis: Vozes, 1998. – Obra esgotada.

39 – *Hotel Brasil* [romance policial]. São Paulo: Ática, 1999 [2ª ed., 1999]. Na edição atualizada, ganhou o título *Hotel Brasil* – O mistério das cabeças degoladas. Rio de Janeiro: Rocco, 2010.

40 – *A mula de Balaão*. São Paulo: Salesiana, 2001.

41 – *Os dois irmãos*. São Paulo: Salesiana, 2001.

42 – A *mulher samaritana*. São Paulo: Salesiana, 2001.

43 – *Alfabetto* – Autobiografia escolar. São Paulo: Ática, 2002 [4ª ed.].

44 – *Gosto de uva* – Textos selecionados. Rio de Janeiro: Garamond, 2003.

45 – *Típicos tipos* – Coletânea de perfis literários. São Paulo: A Girafa, 2004. – Obra esgotada.

46 – *Saborosa viagem pelo Brasil* – Limonada e sua turma em histórias e receitas a bordo do fogãozinho [com receitas de Maria Stella Libânio Christo]. São Paulo: Mercuryo Jovem, 2004 [2ª ed.].

47 – *Treze contos diabólicos e um angélico*. São Paulo: Planeta do Brasil, 2005.

48 – *A mosca azul – Reflexão sobre o poder*. Rio de Janeiro: Rocco, 2006.

49 – *Calendário do poder*. Rio de Janeiro: Rocco, 2007.

50 – *A arte de semear estrelas.* Rio de Janeiro: Rocco, 2007.

51 – *Diário de Fernando* – Nos cárceres da ditadura militar brasileira. Rio de Janeiro: Rocco, 2009.

52 – *Maricota e o mundo das letras.* São Paulo: Mercuryo/Novo Tempo, 2009.

53 – *Minas do ouro.* Rio de Janeiro: Rocco, 2011.

54 – *Aldeia do silêncio.* Rio de Janeiro: Rocco, 2013.

55 – *O que a vida me ensinou.* São Paulo: Saraiva, 2013.

56 – *Fome de Deus* – Fé e espiritualidade no mundo atual. São Paulo: Paralela, 2013.

57 – *Reinventar a vida.* Petrópolis: Vozes, 2014.

58 – *Começo, meio e fim.* Rio de Janeiro: Rocco, 2014.

59 – *Oito vias para ser feliz.* São Paulo: Planeta, 2014.

60 – *Um Deus muito humano* – Um novo olhar sobre Jesus. São Paulo: Fontanar, 2015.

61 – *Ofício de escrever.* Rio de Janeiro: Rocco, 2017.

62 – *Parábolas de Jesus* – Ética e valores universais. Petrópolis: Vozes, 2017.

63 – *Por uma educação crítica e participativa.* Rio de Janeiro: Rocco, 2018.

64 – *Sexo, orientação sexual e "ideologia de gênero".* Rio de Janeiro: Grupo Emaús, 2018 [Coleção Saber].

65 – *Fé e afeto* – Espiritualidade em tempos de crise. Petrópolis: Vozes, 2019.

66 – *Minha avó e seus mistérios.* Rio de Janeiro: Rocco, 2019.

67 – *O marxismo ainda é útil?* São Paulo: Cortez Editora, 2019.

68 – *O Diabo na corte* – Leitura crítica do Brasil atual. São Paulo: Cortez Editora, 2020.

69 – *Diário de Quarentena* – 90 dias em fragmentos evocativos. Rio de Janeiro: Rocco, 2019.

70 – *Espiritualidade, amor e êxtase.* Petrópolis: Vozes, 2020.

71 – *Jesus militante.* Evangelho e projeto político do Reino de Deus. Petrópolis: Vozes, 2022.

SOBRE FREI BETTO

Frei Betto: biografia [Prefácio de Fidel Castro] [por Américo Freire e Evanize Sydow]. Rio de Janeiro: Civilização Brasileira, 2016.

Frei Betto e o socialismo pós-ateísta [por Fábio Régio Bento]. Porto Alegre: Nomos Editora e Produtora Ltda., 2018.

Em coautoria

1 – *O canto na fogueira* [com Frei Fernando de Brito e Ivo Lesbaupin]. Petrópolis: Vozes, 1976.

2 – *Ensaios de complexidade* [com Edgar Morin, Leonardo Boff e outros]. Porto Alegre: Sulina, 1977. – Obra esgotada.

3 – *O povo e o papa* – Balanço crítico da visita de João Paulo II ao Brasil [com Leonardo Boff e outros]. Rio de Janeiro: Civilização Brasileira, 1980. – Obra esgotada.

4 – *Desemprego* – Causas e consequências [com Dom Cláudio Hummes, Paulo Singer e Luiz Inácio Lula da Silva]. São Paulo: Paulinas, 1984. – Obra esgotada.

5 – *Sinal de contradição* [com Afonso Borges Filho]. Rio de Janeiro: Espaço e Tempo, 1988. – Obra esgotada.

6 – *Essa escola chamada vida* [com Paulo Freire e Ricardo Kotscho]. São Paulo: Ática, 1988 [18ª ed., 2003]. – Obra esgotada.

7 – *Teresa de Jesus*: filha da Igreja, filha do Carmelo [com Frei Cláudio van Belen, Frei Paulo Gollarte, Frei Patrício Sciadini e outros]. São Paulo: Instituto de Espiritualidade Tito Brandsma, 1989. – Obra esgotada.

8 – *O plebiscito de 1993* – Monarquia ou República? Parlamentarismo ou presidencialismo? [com Paulo Vannuchi]. Rio de Janeiro: Iser, 1993. – Obra esgotada.

9 – *Mística e espiritualidade* [com Leonardo Boff]. Rio de Janeiro: Rocco, 1994 [4ª ed., 1999]. Rio de Janeiro: Garamond [6ª ed., revista e ampliada, 2005]. Petrópolis: Vozes, 2009.

10 – *A reforma agrária e a luta do MST* [com VV.AA.]. Petrópolis: Vozes, 1997. – Obra esgotada.

11 – *O desafio ético* [com Eugênio Bucci, Luís Fernando Veríssimo, Jurandir Freire Costa e outros]. Rio de Janeiro/Brasília: Garamond/Codeplan, 1997 [4ª ed.].

12 – *Direitos mais humanos* [org. por Chico Alencar, com textos de Frei Betto, Nilton Bonder, Dom Pedro Casaldáliga, Luiz Eduardo Soares e outros]. Rio de Janeiro: Garamond, 1998.

13 – *Carlos Marighella* – O homem por trás do mito [coletânea de artigos org. por Cristiane Nova e Jorge Nóvoa]. São Paulo: Unesp, 1999. – Obra esgotada.

14 – *7 pecados do capital* [coletânea de artigos org. por Emir Sader]. Rio de Janeiro: Record, 1999. – Obra esgotada.

15 – *Nossa paixão era inventar um novo tempo* – 34 depoimentos de personalidades sobre a resistência à ditadura militar [org. de Daniel Souza e Gilmar Chaves]. Rio de Janeiro: Rosa dos Tempos, 1999. – Obra esgotada.

16 – *Valores de uma prática militante* [com Leonardo Boff e Ademar Bogo]. São Paulo: Consulta Popular, 2000 [Cartilha n. 09]. – Obra esgotada.

17 – *Brasil 500 Anos*: trajetórias, identidades e destinos. Vitória da Conquista: Uesb, 2000 [Série Aulas Magnas]. – Obra esgotada.

18 – *Quem está escrevendo o futuro?* – 25 textos para o século XXI [coletânea de artigos org. por Washington Araújo]. Brasília: Letraviva, 2000. – Obra esgotada.

19 – *Contraversões* – Civilização ou barbárie na virada do século [em parceria com Emir Sader]. São Paulo: Boitempo, 2000. – Obra esgotada.

20 – *O indivíduo no socialismo* [com Leandro Konder]. São Paulo: Fundação Perseu Abramo, 2000. – Obra esgotada.

21 – *O Decálogo* [contos] [com Carlos Nejar, Moacyr Scliar, Ivan Angelo, Luiz Vilela, José Roberto Torero e outros]. São Paulo: Nova Alexandria, 2000 – Obra esgotada.

22 – *As tarefas revolucionárias da juventude* [reunindo também textos de Fidel Castro e Lênin]. São Paulo: Expressão Popular, 2000. – Obra esgotada.

23 – *Estreitos nós* – Lembranças de um semeador de utopias [com Zuenir Ventura, Chico Buarque, Maria da Conceição Tavares e outros]. Rio de Janeiro: Garamond, 2001. – Obra esgotada.

24 – *Diálogos criativos* [em parceria com Domenico de Masi e José Ernesto Bologna]. São Paulo: DeLeitura, 2002. Rio de Janeiro: Sextante, 2006.

25 – *Democracia e construção do público no pensamento educacional brasileiro* [org. de Osmar Fávero e Giovanni Semeraro]. Petrópolis: Vozes, 2002. – Obra esgotada.

26 – *Por que nós, brasileiros, dizemos não à guerra* [em parceria com Ana Maria Machado, Joel Birman, Ricardo Setti e outros]. São Paulo: Planeta, 2003.

27 – *Fé e política* – Fundamentos. Pedro A. Ribeiro de Oliveira (org.) com Leonardo Boff, Frei Betto, Paulo F.C. Andrade, Clodovis Boff e outros. Aparecida-SP: Ideias e Letras, 2004.

28 – *A paz como caminho* [com José Hermógenes de Andrade, Pierre Weil, Jean-Yves Leloup, Leonardo Boff, Cristovam Buarque e outros] [coletânea de textos org. por Dulce Magalhães, apresentados no Festival Mundial da Paz]. Rio de Janeiro: Qualitymark, 2006.

29 – *Lições de gramática para quem gosta de literatura* [com Moacyr Scliar, Luís Fernando Veríssimo, Paulo Leminsky, Rachel de Queiroz, Ignácio de Loyola Brandão e outros]. São Paulo: Panda Books, 2007.

30 – *Sobre a esperança* – Diálogo [com Mario Sergio Cortella]. São Paulo: Papirus, 2007.

31 – *40 olhares sobre os 40 anos da Pedagogia do oprimido* [com Mario Sergio Cortella, Sérgio Haddad, Leonardo Boff Rubem Alves e outros]. Instituto Paulo Freire, 30/10/2008.

32 – *Dom Cappio*: rio e povo [com Aziz Ab'Sáber, José Comblin, Leonardo Boff e outros]. São Paulo: Centro de Estudos Bíblicos, 2008.

33 – *O amor fecunda o universo* – Ecologia e espiritualidade [com Marcelo Barros]. Rio de Janeiro: Agir, 2009. – Obra esgotada.

34 – *O parapitinga Rio São Francisco* [fotos de José Caldas, com Walter Firmo, Fernando Gabeira, Murilo Carvalho e outros]. Rio de Janeiro: Casa da Palavra.

35 – *Conversa sobre a fé e a ciência* [com Marcelo Gleiser]. Rio de Janeiro: Agir, 2011. – Obra esgotada.

36 – *Bartolomeu Campos de Queirós* – Uma inquietude encantadora [com Ana Maria Machado, João Paulo Cunha, José Castello, Marina Colasanti, Carlos Herculano Lopes e outros]. São Paulo: Moderna, 2012. – Obra esgotada.

37 – *Belo Horizonte* – 24 autores [com Affonso Romano de Sant'Anna, Fernando Brant, Jussara de Queiroz e outros]. Belo Horizonte: Mazza.

38 – *Dom Angélico Sândalo Bernardino* – Bispo profeta dos pobres e da justiça [com Dom Paulo Evaristo Arns, Dom Pedro Casaldáliga, Dom Demétrio Valentini, Frei Gilberto Gorgulho, Ana Flora Andersen e outros]. São Paulo: Acdem, 2012.

39 – *Depois do silêncio* – Escritos sobre Bartolomeu Campos de Queirós [com Chico Alencar, José Castello, João Paulo Cunha e outros]. Belo Horizonte: RHJ Livros, 2013.

40 – *Nos idos de março* – A ditadura militar na voz de 18 autores brasileiros [com Antonio Callado, Nélida Piñon, João Gilberto Noll e outros]. São Paulo: Geração, 2014.

41 – *Mulheres* [com Affonso Romano de Sant'anna, Fernando Fabbrini, Dagmar Braga e outros]. Belo Horizonte: Mazza, 2014.

42 – *O budista e o cristão*: um diálogo pertinente [com Heródoto Barbeiro]. São Paulo: Fontanar, 2017.

43 – *Advertências e esperanças* – Justiça, paz e direitos humanos [com Frei Carlos Josaphat, Marcelo Barros, Frei Henri Des Roziers, Ana de Souza Pinto e outros]. Goiânia: PUC-Goiás, 2014.

44 – *Marcelo Barros* – A caminhada e as referências de um monge [com Dom Pedro Casaldáliga, Dom Tomás Balduino, Carlos Mesters, João Pedro Stédile e outros]. Recife: Edição dos organizadores, 2014.

45 – *Dom Paulo Evaristo Cardeal Arns* – Pastor das periferias, dos pobres e da justiça [com Dom Pedro Casaldáliga, Fernando Altemeyer Júnior, Dom Demétrio Valentim e outros]. São Paulo: Casa da Terceira Idade Tereza Bugolim, 2015.

46 – *Cuidar da casa comum* [com Leonardo Boff, Maria Clara Lucchetti Bingemer, Pedro Ribeiro de Oliveira, Marcelo Barros, Ivo Lesbaupin e outros]. São Paulo: Paulinas, 2016.

47 – *Criança e consumo* – 10 anos de transformação [com Clóvis de Barros Filho, Ana Olmos, Adriana Cerqueira de Souza e outros]. São Paulo: Instituto Alana, 2016.

48 – *Por que eu e não outros?* – Caminhada de Adilson Pires da periferia para a cena política carioca [com Jailson de Souza e Silva e Eliana Sousa Silva]. Rio de Janeiro: Observatório de Favelas/Agência Diálogos, 2016.

49 – *Em que creio eu* [com Ivone Gebara, Jonas Resende, Luiz Eduardo Soares, Márcio Tavares d'Amaral, Leonardo Boff e outros]. São Paulo: Edições Terceira Via, 2017.

50 – *(Neo) Pentecostalismos e sociedade* – Impactos e/ou cumplicidades [com Pedro Ribeiro de Oliveira, Faustino Teixeira, Magali do Nascimento Cunha, Sinivaldo A. Tavares, Célio de Pádua Garcia]. São Paulo: Edições Terceira Via e Fonte Editorial, 2017.

51 – *Dom Paulo* – Testemunhos e memórias sobre o Cardeal dos Pobres [com Clóvis Rossi, Fábio Konder Comparato, Fernando Altemeyer Júnior, Leonardo Boff e outros]. São Paulo: Paulinas, 2018.

52 – *Jornadas Teológicas Dom Helder Camara* – Semeando a esperança de uma Igreja pobre, servidora e libertadora. Recife, 2017 [Palestras, volumes I e II, org. pelo Conselho Editorial Igreja Nova].

53 – *Lula livre-Lula livro* [obra org. por Ademir Assunção e Marcelino Freire] [com Raduan Nassar, Aldir Blanc, Eric Nepomuceno, Manuel Herzog e outros]. São Paulo, jul./2018.

54 – *Direito, arte e liberdade* [obra org. por Cris Olivieri e Edson Natale]. São Paulo: Edições Sesc, 2018.

55 – *Papa Francisco com os movimentos populares* [obra org. por Francisco de Aquino Júnior, Maurício Abdalla e Robson Sávio] [com Chico Whitaker, Ivo Lesbaupin, Macelo Barros e outros]. São Paulo: Paulinas, 2018.

56 – *Ternura cósmica* – Leonardo Boff, 80 anos [com Maria Helena Arrochellas, Marcelo Barros, Michael Lowy, Rabino Nilton Bonder, Carlos Mesters e outros]. Petrópolis: Vozes, 2018.

57 – *Maria Antonia* – Uma rua na contramão – 50 anos de uma batalha [com Antonio Candido, Mário Schenberg, Adélia Bezerra de Meneses]. São Paulo: Universidade de São Paulo – Faculdade de Filosofia – Letras e Ciências Humanas, 2018.

58 – *Alfabetização, letramento e multiletramentos em tempos de resistência.* Com Gilda Figueiredo Portugal Gouvea, Renato Felipe Amadeu Russo, Fernanda Coelho Liberali, Antonia Megale e outros. São Paulo: Pontes Editores, 2019.

59 – *Françóis Houtart*: Vida y pensamiento – Grupo de Pensamiento Alternativo. Com Gustavo Pérez Ramírez, Samir Amin, Nguyen Duc Truyen e outros. Colômbia: Ediciones Desde Abajo, 2019.

60 – *A mística do Bem Viver.* Com Leonardo Boff, Pedro Ribeiro de Oliveira, Chico Alencar, Henrique Vieira, Rosemary Fernandes da Costa e outros. Belo Horizonte: Senso, 2019.

61 – *Lula e a espiritualidade* – Oração, meditação e militância. Com o padre Júlio Lancellotti, monja Coen, Faustino Teixeira, Cláudio de Oliveira Ribeiro, Hajj Mangolin, Pai Caetano de Oxossi, frei Carlos Mesters e outros. Organização Mauro Lopes, Paraná: Kotter Editorial; São Paulo: Editora 247, 2019.

Edições estrangeiras

1 – *Dai soterranei della storia*. Milão: Arnoldo Mondadori [2ª ed., 1973]. • *L'Église des prisons*. Paris: Desclée de Brouwer, 1972. • *La Iglesia encarcelada.* Buenos Aires: Rafael Cedeño, 1973. • *Creo desde la carcel.* Bilbao: Desclée de Brouwer, 1976. • *Creo desde la carcel.* Bilbao: Desclée de Brouwer, 1976. • *Lettres de*

prison. Paris: Du Cerf, 1980. • *Lettere dalla prigione.* Bolonha: Dehoniane, 1980. • *Brasilianische passion.* Munique: Kösel Verlag, 1973. • *Fangelsernas Kyrka.* Estocolmo: Gummessons, 1974. • *Geboeid Kijk ik om mij heen.* Bélgica: Gooi en sticht bvhilversum, 1974. • *Against principalities and powers.* Nova York: Orbis Books, 1977.

2 – *Novena di San Domenico.* Bréscia: Queriniana, 1974.

3 – *17 días en Puebla.* México: CRI, 1979. • *Diario di Puebla.* Bréscia: Queriniana, 1979.

4 – *La preghiera nell'azione.* Bolonha: Dehoniane, 1980.

5 – *Que es la Teología de la Liberación?* Peru: Celadec, 1980.

6 – *Puebla para el Pueblo.* México: Contraste, 1980.

7 – *Battesimo di sangue.* Bolonha: Asal, 1983. • *Les frères de Tito.* Paris: Du Cerf, 1984. • *La pasión de Tito.* Caracas: Dominicos, 1987. Nova edição revista e ampliada publicada pela Sperling & Kupfer, Milão, 2000. Grécia: Ekdoseis twn Synadelfwn, 2015. Santiago de Cuba: Editorial Oriente, 2018.

8 – *El acuario negro.* Havana: Casa de las Américas, 1986.

9 – *La pasión de Tito.* Caracas: Dominicos, 1987.

10 – *Fede e Perestroika* – Teologi della liberazione in Urss – com Clodovis Boff, J. Pereira Ramalho, P. Ribeiro de Oliveira, Leonardo Boff, Frei Betto. Assis: Cittadella Editrice, 1988.

11 – *El día de Angelo.* Buenos Aires: Dialéctica, 1987. • *Il giorno di Angelo.* Bolonha: EMI, 1989.

12 – *Los 10 mandamientos de la relación fe y politica.* Cuenca: Cecca, 1989. • *Diez mandamientos de la relación fe y política.* Panamá: Ceaspa, 1989.

13 – *De espaldas a la muerte* – Dialogos con Frei Betto. Guadalajara: Imdec, 1989.

14 – *Fidel y la religióni*. Havana: Oficina de Publicaciones del Consejo de Estado, 1985. Havana: Nova edição Editorial de Ciencias Sociales, 2018. Até 1995, editado nos seguintes países: México, República Dominicana, Equador, Bolívia, Chile, Colômbia, Argentina, Portugal, Espanha, França, Holanda, Suíça (em alemão), Itália, Tchecoslováquia (em tcheco e inglês), Hungria, República Democrática da Alemanha, Iugoslávia, Polônia, Grécia, Filipinas, Índia (em dois idiomas), Sri Lanka, Vietnã, Egito, Estados Unidos, Austrália, Rússia, Turquia. Há uma edição cubana em inglês. Austrália: Ocean Press, 2005. Havana, Ciencias Sociales, 2018.

15 – *Lula* – Biografía política de un obrero. México: MCCLP, 1990.

16 – *A proposta de Jesus*. Gwangju: Work and Play Press, 1991.

17 – *Comunidade de fé*. Gwangju: Work and Play Press, 1991.

18 – *Militantes do reino*. Gwangju: Work and Play Press, 1991.

19 – *Viver em comunhão de amor*. Gwangju: Work and Play Press, 1991.

20 – *Het waanzinnige geluid van de tuba*. Baarn: Fontein, 1993. • *Allucinante suono di tuba*. Celleno: La Piccola Editrice, 1993. • *La musica nel cuore di un bambino* [romance]. Milão: Sperling & Kupfer, 1998. • *Increíble sonido de tuba*. Espanha: SM, 2010. • *Alucinado son de tuba*. Santa Clara: Sed de Belleza Ediciones, 2017.

21 – *Uala Maitasuna*. Tafalla: Txalaparta, 1993. • *Uala, el amor*. Havana: Editorial Gente Nueva, 2016.

22 – *Día de Angelo.* Tafalla: Txalaparta, 1993.

23 – *La obra del Artista* – Una visión holística del universo. Havana: Caminos, 1998. Nova edição foi lançada em Cuba, em 2010 pela Editorial Nuevo Milênio. Córdoba, Argentina: Barbarroja, 1998. Madri: Trotta, 1999. Havana: Editorial de Ciencias Sociales, 2009.

24 – *Un hombre llamado Jesus* [romance]. Havana: Editorial Caminos, 1998 [nova ed., 2009]. • *Uomo fra gli uomini* [romance]. Milão: Sperling & Kupfer, 1998. • *Quell'uomo chiamato Gesù.* Bolonha: Editrice Missionária Italiana – EMI, 2011.

25 – *Gli dei non hanno salvato l'America* – Le sfide del nuovo pensiero político latino-americano. Milão: Sperling & Kupfer, 2003. • *Gosto de uva.* Milão: Sperling & Kupfer, 2003. • *Sabores y saberes de la vida* – Escritos escogidos. Madri: PPC Editorial, 2004.

26 – *Hotel Brasil.* França: Ed. de l'Aube, 2004. Itália: Cavallo di Ferro, Itália, 2006. • *Hotel Brasil* – The mistery of severed heads. Inglaterra: Bitter Lemon Press, 2014; Havana: Arte y Literatura, 2019.

27 – *El fogoncito.* Cuba: Gente Nueva, 2007.

28 – *El ganhador.* Espanha: SM, 2010.

29 – *La mosca azul* – Reflexión sobre el poder. Austrália: Ocean Press, 2005; Havana: Editorial Ciencias Sociales, 2013.

30 – *Maricota y el mundo de las letras.* Havana: Gente Nueva, 2012.

31 – *El comienzo, la mitad y el fin.* Havana: Gente Nueva, 2014.

32 – *Un sabroso viaje por Brasil* – Limonada y su grupo en cuentos y recetas a bordo del fogoncito. Havana: Editorial Gente Nueva, 2013.

33 – *La niña y el elefante*. Havana: Editorial Gente Nueva, 2015.

34 – *Minas del oro*. Havana: Editorial Arte y Literatura, 2015.

35 – *Paraíso perdido* – Viajes por el mundo socialista. Havana: Editorial de Ciencias Sociales, 2016.

36 – *Lo que la vida me enseño* – El desafio consiste siempre en darle sentido a la existencia. Havana: Editorial Caminos, 2017.

37 – *Fede e politica*. Itália: Rete Radié Resch, 2018.

38 – *El hombre que podia casi todo*. Havana: Editorial Gente Nueva, 2018.

Edições estrangeiras em coautoria

1 – *Comunicación popular y alternativa* [com Regina Festa e outros]. Buenos Aires: Paulinas, 1986.

2 – *Mística y espiritualidade* [com Leonardo Boff]. Buenos Aires: Cedepo, 1995. Itália: Cittadella Editrice, 1995.

3 – *Palabras desde Brasil* [com Paulo Freire e Carlos Rodrigues Brandão]. Havana: Caminos, 1996.

4 – *Hablar de Cuba, hablar del Che* [com Leonardo Boff]. Havana: Caminos, 1999.

5 – *Non c'è progresso senza felicità* [em parceria com Domenico de Masi e José Ernesto Bologna]. Milão: Rizzoli/RCS Libri, 2004.

6 – *Dialogo su pedagogia, ética e partecipazione política* [em parceria com Luigi Ciotti]: Turim: EGA, 2004.

7 – *Ten eternal questions* – Wisdom, insight and reflection for life's journey [em parceria com Nelson Mandela, Bono, Dalai Lama, Gore Vidal, Jack Nicholson e outros] [org. por Zoë Sallis]. Londres: Duncan Baird, 2005. Edição portuguesa pela Platano Editora, Lisboa, 2005.

8 – *50 cartas a Dios* [em parceria com Pedro Casaldaliga, Federico Mayor Zaragoza e outros]. Madri: PPC, 2005.

9 – *The Brazilian short story in the late twentieth century* – A selection from nineteen authors. Canadá: Edwin Mellen, 2009.

10 – *Reflexiones y vivencias en torno a la educación* [VV.AA]. Espanha: SM, 2010.

11 – *El amor fecunda el universo*: ecologia y espiritualidade [com Marcelo Barros]. Madri/Havana: PPC/Ciencias Sociales, 2012.

12 – *Brasilianische kurzgeschichten* [com Lygia Fagundes Telles, Rodolfo Konder, Deonísio da Silva, Marisa Lajolo e outros]. Alemanha: Arara-Verlag, 2013.

13 – *Laudato si' cambio climático y sistema económico* [com François Houtart]. Centro de Publicaciones/Pontifícia Univesrsidad Católica del Ecuador, 2016.

14 – *Hablan dos educadores populares*: Paulo Freire y Frei Betto. Havana: Caminos, 2017 [Colección Educación Popular del Mundo].

15 – *Golpe en Brasil* – Genealogia de una farsa [com Noam Chomsky, Michel Löwy, Adolfo Pérez Esquivel, entre outros]. Argentina: Clacso, jun./2016.

16 – *América Latina en la encrucijada* [com Atilio Borón]. Argentina: Fundación German Abdala, 2018.

17 – *Nuestro amigo Leal* [com vários escritores]. Cuba: Ediciones Boloña, 2018.

18 – *III Seminário Internacional Realidades, paradigmas y desafíos de la integración* [com Ignacio Ramonet, Miguel Ángel Pérez Pirela, Miguel Mejía, Francisco Telémaco Talavera, entre outros]. Ministério para Políticas de Integración Regional de República Dominicana, 2018.

SOBRE FREI BETTO

1 – *Una biografía*. Havana: José Martí, 2017 [Prólogo de Fidel Castro, Américo Freire e Evanize Sydow].

2– *Sueño y razón en Frei Betto* – Entrevista al fraile dominico, escritor y teólgo brasileño [Alicia Elizundia Ramírez]. Havana: Pablo de la Torriente, 2018. Equador: Abya-Yala, 2018.